LOS
PATRONES
DEL
MUNDO

Vida, poder y muerte de los grandes narcos

JOSÉ T. GÁLLEGO

LOS PATRONES DEL MUNDO

Vida, poder y muerte de los grandes narcos

EDICIONES B

México D.F.•Barcelona•Bogotá•Buenos Aires•Caracas•Madrid•Montevideo•Miami•Santiago de Chile

Los patrones del mundo.
Vida, poder y muerte de los grandes narcos

1ª edición enero de 2013

D.R. © 2013, José T. Gállego
D.R. © 2013, Ediciones B México S. A. de C. V.
     Bradley 52, Col. Anzures, 11590, México, D. F.

     www.edicionesb.mx

ISBN 978-607-480-396-9

*—No comprendo nada —dijo Lenina con decisión,
determinada a conservar intacta su incompren-
sión—. Nada —y prosiguió en otro tono—:
y lo que menos comprendo es por qué no tomas so-
ma cuando se te ocurren esta clase de ideas.
Si lo tomaras olvidarías todo eso.
Y en lugar de sentirte desdichado serías feliz.
Muy feliz —repitió.*

Un mundo feliz. Aldous Huxley

Contenido

Nota del autor

La figura del narcotraficante forma parte del imaginario colectivo y se ubica a medio camino entre el aventurero y el criminal. Son contrabandistas de lujo, adalides del capitalismo puro y duro, capaces de llevar sus productos hasta los lugares más lejanos, saltándose los controles más estrictos y esquivando la ley a su antojo en su afán por abastecer la demanda allá donde se encuentre con su oferta de sustancias prohibidas.

Los grandes narcos representan el riesgo y el dinero, la osadía de tomar lo que se desea sin pedir permiso y el valor de desafiar a la autoridad. Al mismo tiempo, muchos son criminales sin escrúpulos capaces de las mayores atrocidades y responsables de miles de muertes. Asesinatos, secuestros, atentados y torturas forman parte de su arsenal laboral así como el soborno, el chantaje y el miedo. Dicen que cuando Escobar buscaba la colaboración de alguien preguntaba: ¿plata o plomo? O estás conmigo o estás contra mí. Viven en un mundo donde la traición, voluntaria u obligada, está a la orden del día, donde los incumplimientos no pueden denunciarse ante el juez y en el que las armas suelen solucionar más conflictos que las palabras.

El fenómeno del narcotráfico es, ante todo, el resultado de la ilegalización de las drogas. Los consumidores siempre han tenido acceso a sus sustancias favoritas, antes y después de la prohibición. La única diferencia es que la guerra contra las drogas ha elevado los precios, empeorado la calidad del producto y generado mucha violencia. La ilegalización aumentó el riesgo pero multiplicó hasta el infinito los beneficios del negocio. Los grandes capos del narcotráfico ganan enormes cantidades de dinero negro por el que no pagan impuestos y que emplean para corromper todos los estamentos de la sociedad. Lo vimos en los años ochenta del siglo pasado en Colombia, cuando el cártel de Medellín de Pablo Escobar y el cártel de Cali de los hermanos Rodríguez Orejuela competían por el control del negocio, y lo seguimos viendo hoy en día en Ciudad Juárez, Tijuana y otras ciudades mexicanas y del mundo donde la narcoviolencia acaba con miles de vidas cada año.

La atracción del dinero fácil no explica completamente el fenómeno de los narcos. Es cierto que muchos vienen de la pobreza, de familias humildes o desestructuradas. En ellos se entiende el ansia por ascender en la escala social, por tener más, en un mundo donde el dinero compra el respeto. Pero otros han crecido en familias acomodadas, han ido a buenos colegios y universidades y hubieran podido vivir muy bien sin arriesgar tanto. ¿Qué les lleva a vivir una vida literalmente al límite, conscientes en muchos casos de que sólo pueden acabar muertos, seguramente de forma violenta y mucho antes de que la vejez los alcance?

Este libro recorre las vidas de una docena de estos hombres, capos que subieron a lo más alto. Unos han muerto, otros están en prisión y otros siguen en el negocio, al menos por ahora.

31 DE AGOSTO DE 2012

Frank Superfly Lucas:
El Fantasma de Harlem

Saltándose a los intermediarios de la mafia neo-yorquina, Frank Lucas estableció una ruta directa de tráfico de heroína desde el sudeste asiático hasta Harlem. Logró dominar el mercado y en su mejor momento Superfly llegó a ganar un millón de dólares diarios y amasó una fortuna de más de 250 millones. En enero de 1978 fue arrestado, juzgado y condenado a setenta años de prisión. Tras su condena decidió colaborar con la justicia, aunque él niega haber delatado a alguien. Por esa ayuda fue liberado en 1981. Después cumplió otros siete años en la cárcel por otras causas pendientes hasta que finalmente salió libre en 1991. Hoy en día dirige una ONG de ayuda a hijos de presidiarios. Universal Pictures pagó a Frank Lucas cerca de un millón de dólares para que vendiera su historia para la película American Gangster protagonizada por Denzel Washington en 2007.

Frank Lucas nació en 1930 en un pequeño pueblo de Carolina del Norte llamado Washington. Sus padres eran jornaleros pobres, y su vida fue muy dura y violenta. Con apenas seis años presenció cómo cinco miembros del Ku Klux Klan asesinaron a su primo Obadiah Jones, de trece años, por mirar a una chica blanca:

"El Ku Klux Klan llegó a nuestra casa y agarraron a mi primo. Le ataron una cuerda en cada brazo y se los abrieron. Otro tipo tomó una escopeta de doble cañón y se la metió salvajemente en la boca, rompiéndole varios dientes, a la vez que apretaba el gatillo. Desde aquel día siempre he tenido claro que uno puede morir sin ninguna razón, y así fue como empecé". *Frank Lucas*

Poco después empezó a cometer pequeños delitos: robaba pollos y cerdos o atracaba borrachos. A los doce años ya estaba metido en una pandilla y a los catorce vivía a los una contrabandista. A los quince años trabajaba de conductor de camiones en una empresa de tuberías y se metió con la hija del jefe. Cuando éste los descubrió, Lucas lo tumbó pegándole en la cabeza con un tubo. Agarró 400 dólares de la caja e incendió el lugar. Después huyo hacia el norte, a la ciudad de Nueva York. Tenía dieciséis años. En cuanto llegó se fue a Harlem, donde encontró "más negros juntos de los que yo había visto en toda mi vida". Rápidamente se centró en el crimen y empezó a cometer robos: robó un bar, una bandeja llena de diamantes en una joyería y el dinero de unos gánsteres que estaban jugando una partida de dados. Demasiada gente se la tenía sentenciada.

Tuvo la gran suerte de conocer, y caerle bien a Ellsworth Bumpy Johnson, un legendario gánster de Harlem. Bumpy lo acogió, le compró ropa y se lo llevó a su casa. A partir de entonces conoció el respeto. Incluso el joyero al que había robado le llamaba señor Lucas, y eso que sólo tenía 17 años. Fue mitad chófer y mitad guardaespaldas y aprendió mucho de Bumpy, un gánster que solía desayunar con Frank Costello, el llamado Primer Ministro del Hampa. También lo acompañó a Cuba a reunirse con Lucky Luciano. En 1968 Bumpy sufrió un infarto mientras comía y murió en brazos de Lucas. Tras la muerte de Johnson, Superfly decidió trabajar por su cuenta en el negocio de la heroína.

En aquel momento quien quería vender heroína en Nueva York debía comprársela a la mafia italiana. Lucas decidió que tenía que eliminar los intermediarios y comprar la droga directamente a los productores. Decidió viajar a Bangkok e ir a ver a Leslie Ike Atkinson, un antiguo sargento del ejército estadounidense, casado con una prima de Lucas. Ike tenía un bar en Bangkok junto con un chino tailandés llamado Luetchi Rubiwat 007, con contactos en los cultivos de adormidera del Triangulo Dorado, la zona donde se unen Tailandia, Myanmar y Laos.

Superfly y 007 viajaron a los cultivos donde compraron 132 kilos de heroína pura a 4 200 dólares por kilo, un buen negocio comparado con los 50 000 dólares que cobraba la mafia de Nueva York. La vuelta no fue fácil, los atacaron bandidos y murieron muchos hombres, al final perdió la mitad de la droga pero consiguió volver vivo.

Lucas estableció una ruta directa de tráfico de heroína desde el sudeste asiático hasta Harlem. Según él, Atkinson enviaba la heroína a través de lo que se denominó la Conexión Cadáver, la droga iba escondida dentro de los ataúdes de los soldados muertos en la guerra de Vietnam. Ike se llevó a Bangkok a un carpintero que le hizo 28 ataúdes, copias exactas de los usados por el ejercito salvo en el doble fondo que tenían y donde cabían seis u ocho kilos de heroína. Atkinson, por su parte, siempre ha negado haber usado cadáveres y asegura que enviaba la heroína escondida en muebles de madera de teca. La osadía de Superfly no tenía límite. Afirma que llegó a enviar más de 100 kilos de heroína en el avión del poderoso e infame Henry Kissinger, entonces Consejero de Seguridad Nacional.

Cuando el río de heroína comenzó a llegar a Harlem, Lucas triunfó. Su territorio era la calle 116 entre la séptima y la octava avenidas. Allí era el rey, era Dios. Todos los socios de Frank eran familiares suyos o amigos de su pueblo en Carolina del Norte, por eso los llamaban *The country boys* (los chicos de campo). En su mejor momento Superfly llegó a ganar un millón de dólares diarios y amasó una fortuna de más de 250 millones.

Lucas, a principios de los setenta, vivía en el Regency Hotel, tenía un centenar de trajes y zapatos en su armario y varios coches, entre ellos un Rolls Royce, un Mercedes y un Corvette. También poseía un viejo Chevrolet al que llamaba Nellybelle. Cada día en la esquina de la calle 116 y la octava avenida, Frank estacionaba a Nellybelle y se sentaba dentro a vigilar su negocio:

"Quién iba a pensar que era yo quien estaba sentado en un viejo coche de 300 dólares. Aquél era mi territorio y tenía que vigilarlo, así que me sentaba en el coche con una gorra, peluca y una barba falsa y controlaba todo sin que nadie supiera quién era yo". *Frank Lucas*

A principios de los setenta todos los vendedores de heroína de Harlem tenían su propia marca: *Mean Machine, Could Be Fatal, Tragic Magic, Past Due, Payback, Revenge, Joint, Insured for Life, Insured for Death*... La marca de Frank Lucas, la que lo llevó a lo más alto, era *Blue Magic*. Cuando *Blue Magic* llegaba a las calles aún tenía un 10 % de pureza, mucho más del típico tres a cinco por ciento de la mayoría de las marcas.

"La sacábamos a la venta a las cuatro de la tarde, cuando la policía hacía el cambio de turno. Eso nos daba un par de horas antes de que aparecieran por allí. Mis compradores eran puntuales, podrías haber puesto el reloj en hora con ellos. A las cuatro de la tarde teníamos tantos negratas por allí como para hacer una película de Tarzán. A las nueve no me quedaba un jodido gramo. Todo estaba vendido..., y yo tenía un millón de dólares. Me sentaba en Nellybelle y miraba cómo llegaba el dinero sin que nadie supiera quién era yo. Era un fantasma, el Fantasma de Harlem". *Frank Lucas*

Lucas contaba con un ejército de trabajadoras para cortar la heroína. Sentadas alrededor de una mesa, grupos de diez o doce mujeres desnudas salvo por las mascarillas quirúrgicas que llevaban, se dedicaban a rebajar la heroína cortándola con una mezcla de manitol y quinina. La encargada de dirigirlas era una pequeña mujer apodada *Red Top* que Lucas recuerda muy bien: "traía tres o cuatro kilos y dejaba que *Red* hiciera su trabajo. Cortaba la droga como nadie, sin tirar ni una pizca"

"En este negocio te pagan por el miedo. Cuando el factor miedo aparece es cuando de verdad empiezas a ganar dinero. La violencia es parte de ello. No se puede hablar dulcemente con ningún hijoputa. Está bien que la gente te respete, pero cuando te tienen miedo entonces sí que tienes el poder. Yo manejé Harlem con puño de hierro". *Frank Lucas*

En 1971 tuvo lugar en el Madison Square Garden de Nueva York un combate de boxeo entre Muhammad Ali y Joe Frazier. Lucas asistió a la pelea vestido con un abrigo de chinchilla valorado en 100 000 dólares y sombrero a juego de más de 25 000 dólares, y además apostó con un amigo medio millón de dólares. Esta exhibición de poderío económico llamó mucho la atención y puso a la policía tras la pista de Superfly. Lucas se arrepentiría siempre de haber llevado aquel abrigo.

Aún le quedaban algunos buenos años, pero el fin se acercaba. Ike Atkinson fue detenido en 1975 cuando un envío salió mal. La heroína se había enviado a dos viejecitas negras de un pueblo de Carolina del Norte. Un soldado, coludido con Atkinson, debía ir a buscar la droga aduciendo ante las viejecitas que había un error de reparto, pero antes de que apareciera las señoras llamaron una al servicio postal y la otra, pensando que le habían enviado una bomba, a la policía. Los oficiales de policía encontraron las huellas dactilares de Atkinson en los paquetes de droga y lo arrestaron en enero de 1975. Fue condenado a 31 años de prisión. Salió en libertad en 2007.

Frank Lucas recibió la visita de la policía el 28 de enero de 1975. Veinte agentes registraron su casa, encontraron medio millón de dólares en efectivo y arrestaron a Frank y a Julie, su esposa puertorriqueña. Superfly fue juzgado y condenado a 70 años de prisión. Tras recibir su condena decidió colaborar con la justicia, aunque él niega haber delatado a alguien. Por esta ayuda fue liberado en 1981. Después cumplió otros 7 años en la cárcel por otras causas pendientes hasta que finalmente salió libre en 1991. Hoy en día va en silla de ruedas y asegura tener remordimientos por lo que hizo. Desde su salida de prisión Lucas fundó una ONG llamada Yellow Brick Roads que ayuda a los hijos de padres encarcelados.

Lucas y Richie Roberts, el policía que lo detuvo, acabaron siendo amigos. Con todas sus propiedades confiscadas, Superfly estaba arruinado cuando salió de prisión, así que Roberts le dio trabajo y lo ayudó a pagar la universidad de su hijo Ray. Universal Pictures pagó a Frank Lucas cerca de un millón de dólares por la venta de su historia para la película *American Gangster* protagonizada por Denzel Washington en 2007.

Klaas Bruinsma:
De Dominee, De Lange

Klaas Bruinsma fue un mafioso y señor de la droga holandés, el primer "padrino" en ese país. Le llamaban De Lange (el Alto) y De Dominee (el Cura) por sus ropas negras y por su hábito de sermonear a los demás. Durante los años setenta y ochenta, importó y distribuyó toneladas de hachís desde Pakistán. Fue el principal proveedor de numerosos *coffeeshops*. Era temido en toda Holanda y reclamado por la policía de varios países. A finales de los ochenta era el mayor narcotraficante de Europa.

Klaas Bruinsma nació en Ámsterdam en 1953 en el seno de una familia adinerada. Su padre ya se había divorciado dos veces cuando conoció a la madre de Klaas, una inglesa de la que se divorció poco después de que diera a luz al último de sus cuatro hijos. Tras el divorcio la madre volvió a Gran Bretaña.

El padre comenzó una relación con la criada, Fokje, quien se convirtió en la madre de Klaas y sus hermanos. Ton, el padre, era un empresario holandés propietario de la fábrica de refrescos Touch. Era un hombre muy estricto cuya máxima preocupación era hacer de sus hijos hombres duros. En una ocasión llevó a Klaas a navegar en medio de una fuerte tormenta para que aprendiera a no tener miedo. Su idea de un domingo familiar era llevarse a sus hijos a la fábrica y obligarlos a lavar miles de botellas.

Bruinsma estudiaba en una escuela muy cara por la que nunca aparecía; lo cambiaron a una escuela pública y allí conoció el cannabis. Empezó a fumar y poco después ya lo estaba vendiendo a sus compañeros. En 1970 lo detuvieron por primera vez, tenía sólo dieciséis años así que lo soltaron tras una simple advertencia. Poco después Klaas se mudó a casa de su abuela y empezó a ir a una nueva escuela, pero en 1974 lo expulsaron por falta de asistencia. A partir de ese momento buscó un apartamento y se dedicó plenamente al tráfico de drogas.

En 1976 fue condenado por un cargamento de 100 kilos de hachís a seis meses de prisión. Al salir, la policía pensó que había aprendido la lección porque no volvieron a oír hablar de él. Sin embargo, Klaas seguía en el negocio, simplemente cambió su identidad por la de Frans van Arkel, alias Frans Lange.

En realidad De Dominee estaba creciendo. Decidió asociarse con Tetje Thea Moear. A través de Thea comenzó a proveer de hachís a muchos *coffeeshops* de Ámsterdam. Thea era su distribuidora habitual, pero a partir de ese momento serían socios. Thea se separó de su marido Hugo Ferrol y se llevó la mayor parte de los clientes. Thea y Klaas crearon una organización criminal como nunca antes había existido en Holanda. En 1978 se unieron al grupo Urka Etienne, y el luchador de *kick boxing* Andre Brilleman se convirtió en su guardaespaldas. Compraron dos edificios en Ámsterdam y los acondicionaron con fuertes medidas de seguridad. Organizaron una planta para poder tener reuniones y otra como sala de entrenamiento para los guardaespaldas. También abrieron varios *coffeeshops*.

En 1979 fue declarado culpable de organizar el tráfico de un cargamento de 1 500 kilos que saldría desde Pakistán y fue condenado a 18 meses de los cuales cumplió 12. Tras su liberación amplió los límites de su organización hasta Alemania, Bélgica, Francia, Gran Bretaña y Escandinavia. Conforme creció el negocio necesitó lavar el dinero negro, así que montó empresas legales y entró en el negocio de la construcción.

A finales de los setenta De Dominee tuvo en las manos una buena parte del tráfico de hachís en Ámsterdam. Tenía conexiones en Pakistán y vendía en varios *coffeshops*. Viajaba con frecuencia a Pakistán, Marruecos, Líbano y Siria en busca de nuevos proveedores. En 1982 empezó a vender heroína. Añadió pronto al negocio la venta de cocaína, el blanqueo de dinero y el robo de pasaportes en blanco.

A pesar de su éxito, Bruinsma siguió siendo un niño rico hijo de papá a los ojos de los integrantes de los bajos fondos criminales holandeses. Muchos seguían pensando que podía ser destronado. Sin embargo esto cambió cuando pudo demostrar su valor en un tiroteo con otros cuatro criminales en casa de uno de sus antiguos soldados, Pietje Pieterse. Este tipo le había robado 600 kilos de hachís porque se sentía mal pagado. Cuando Klaas llegó a casa de

Pietje, éste le contó por qué había tomado el hash y le dijo que había tres tipos con él que lo defenderían. Empezaron a discutir y Bruinsma le pegó un tiro en la cadera. Aparecieron los tres tipos y Klaas se cargó a uno, aunque él mismo recibió tres tiros. Al final llegaron las ambulancias y se los llevaron. Mientras estaban en la ambulancia, De Lange le dijo a Pietje: "Por Dios, Piet, ¿cómo es que siempre tienes estos líos en casa?"

Después de este incidente los integrantes de la organización se profesionalizaron rápidamente. Se volvieron expertos en telecomunicaciones y micrófonos ocultos. Antes de hacer llamadas internacionales, Klaas reservaba una habitación en un hotel y enviaba a sus expertos antiespionaje. Cuando ellos daban el visto bueno hacía las llamadas.

El asunto de Pietje le costó tres años de prisión y al salir decidió que siendo un criminal profesional era más sensato ir a un hotel que a una casa. Se instaló en el hotel Okura donde vivió hasta que la administración le pidió que cambiara su comportamiento: pues solía bajar a recepción descalzo, vestido sólo con un albornoz y rodeado de diez o doce guardaespaldas vestidos con trajes de diseño y hablando por *walkie talkies*. Se mudó al prestigioso Amstel Hotel de Ámsterdam. En aquellos años tenía mucho cuidado con su seguridad, no podía salir de Holanda porque muchos países tenían órdenes de detenerlo o le habían prohibido la entrada.

De Lange reorganizó toda la empresa, Thea Moear se fue y su lugar lo ocupó Urka Etienne. Creó varias divisiones dentro de la organización. El departamento de drogas lo llevaba Roy Adkins. Formó un departamento de inversiones para lavar el dinero y un departamento de seguridad con pistoleros en nómina. Además hubo un departamento de juego y otro de relaciones públicas cuyo objetivo era mantener a la prensa lejos del negocio.

Cuando De Lange descubrió que su antiguo guardaespaldas Andre Brilleman le había robado lo mandó matar. Lo encontraron en un tambo lleno de cemento, le habían disparado en la cara a quemarropa. Luego se descubrió que lo habían dejado inconsciente pegándole con bates de beisbol y que cuando se despertó le cortaron el pene y usaron una sierra para cercenarle las piernas mientras seguía vivo. Después lo pusieron en el tambo con cemento y lo tiraron al río. Tras este episodio Bruinsma consiguió la total lealtad de todos los que trabajaban para él.

A finales de los ochenta su organización había crecido tanto que empleaba a 200 personas de tiempo completo. Era el mayor traficante de drogas de Europa. Ganaba varios millones de dólares diarios y planeaba retirarse, pero antes quería hacer el gran negocio.

En 1990 organizó un cargamento de 45 000 kilos de hachís pakistaní con un valor de 400 millones de florines (unos 250 millones de dólares). Bruinsma y sus socios llamaban a este cargamento "la gran montaña". El cargamento llegó, pasó las aduanas y se guardó en un almacén a la espera de ser distribuido. Parecía que todo iba bien, pero el 24 de febrero el almacén fue descubierto por la policía. De Lange estaba furioso, culpaba a todo el mundo y se peleó con Roy Adkins en el Yab Yum, un burdel de lujo de Ámsterdam. Hubo disparos pero nadie salió herido y cuando llegó la policía nadie había visto nada, aunque todo el mundo sabía que Bruinsma estaba detrás.

Después de esto empezó la decadencia de Bruinsma. Cada vez usó más cocaína, tuvo ataques de rabia y problemas psicológicos. Pretendió acaparar todos los negocios ilegales: prostitución, juego, drogas. Se descontroló y empezó a perder el apoyo de sus hombres. Cada vez tuvo más enemigos y atrajo la atención de la policía, hasta que Nurka Etienne, respetada por sus hombres, asumió el liderazgo de la organización.

La noche del 27 de junio de 1991 llegó al hotel Hilton de Ámsterdam. Tomó unas copas y discutió con Martin Hoogland, un expolicía que había acabado como asesino a sueldo de un grupo de yugoslavos a cuyo líder había matado Bruinsma. A las cuatro de la mañana De Lange fue a tomar un taxi y tras una discusión con un grupo de personas entre las que estaba Hoogland recibió tres tiros. El primero en el pecho, a corta distancia, el segundo bajo la barbilla y el tercero detrás de la oreja. Klaas Bruinsma, el primer padrino holandés estaba muerto a los 37 años. Nunca se sabrá si fue una discusión ocasionada por la cocaína que se salió de control o un asesinato encargado por su rival Johan Verhoek (El Hakkelaar). El 8 de marzo de 2004 Martin Hoogland fue asesinado a tiros en la calle.

Klaas murió sin haber hecho testamento. Sus hermanos y hermanas renunciaron a la herencia y su madre la aceptó a modo de inventario. La hacienda holandesa confiscó el barco velero de Klaas, el Amsterdammertje, de doce metros.

En 2003 un antiguo guardaespaldas de Bruinsma, Charlie da Silva, declaró en un programa de televisión que Mabel Wisse Smit había sido amiga íntima de Klaas

Bruinsma y había pasado muchas noches de invitada en su yate. Wisse Smit era la prometida del príncipe Johan Friso. A consecuencia de este escándalo el gobierno decidió que el príncipe debía perder el derecho al trono al casarse con ella.

Haji Ayub Afridi: El Señor del Opio del Khyber

Haji Ayub Afridi fue un narcotraficante pakistaní a quien se considera uno de los fundadores del tráfico a gran escala de heroína afgana. Nació a principios de los años treinta del siglo pasado en Landi Kotal, una ciudad pakistaní cercana al paso Khyber, en la antigua ruta de la seda y a pocos kilómetros de la frontera con Afganistán. Alentado por la CIA, estableció una red de tráfico de heroína que abarcaba todas las fases del proceso de producción y que lo hizo inmensamente rico.

AYUB AFRIDI ERA DE ETNIA PASTÚN y pertenecía al clan de Zaka Khel de la tribu Afridi. Los Afridi, grandes guerreros y amantes de las armas, han sido los guardianes del paso Khyber desde hace siglos y conocen la región mejor que nadie. Los Afridi siempre se han opuesto a que se comunique el valle de Tirah con el resto del país por medio de una carretera, ya que en esta inaccesible y remota región situada a más de 1 500 metros de altura y que cuenta con los suelos más fértiles de la región, se producen enormes cantidades de hachís. Al permanecer prácticamente inaccesible, los Afridi se han mantenido casi independientes del gobierno de Islamabad. De hecho, las tropas pakistaníes no entraron al valle de Tirah hasta 2003, 56 años después de la independencia del país.

Ayub Afridi empezó su vida laboral como camionero, pero pronto aprovechó esta ocupación para progresar en negocios más rentables, traficando con oro y otros productos valiosos que pasaba por la frontera. La red de contactos que tejió durante sus primeros viajes le resultaría muy útil en los años siguientes.

En 1978, la revolución de Saur instauró un régimen comunista en Afganistán. Estados Unidos, por medio de la CIA, se dedicó a financiar a los fundamentalistas islámicos o muyahidines que se oponían al gobierno. Al año siguiente y ante la grave situación, el gobierno afgano pidió ayuda a la Unión Soviética que envió tropas y ocupó el país con miles de soldados. Para hacer frente a los soviéticos, la CIA necesitaba cantidades cada vez más grandes de dinero, pero el congreso estadounidense no estaba dispuesto a conceder más fondos. Los altos cargos de la agencia de inteligencia americana decidieron generar esos millones de dólares con el tráfico de opio y heroína. Necesitaban a un hombre con contactos en ambos países y que conociera el terreno y fuera capaz de atravesar la frontera a su antojo: Haji Ayub Afridi fue el elegido.

Afridi tejió una red de contactos con los jefes tribales afganos quienes le proporcionaban el opio. Señores de la guerra como Haji Abdul Qadir, Haji Mohammed Zaman o Hazrat Ali se hicieron muy ricos gracias a Afridi.

Afridi recibía en Pakistán las armas que la CIA quería entregar a los muyahidines y las pasaba clandestinamente a Afganistán. En el viaje de vuelta traían opio afgano. La droga, una vez en Pakistán, se trasformaba en heroína y se exportaba a todo el mundo proporcionando enormes beneficios a Haji Ayub, los jefes tribales afganos y la CIA que los empleaba para comprar nuevas armas. Parte de la heroína volvía a Afganistán y se vendía a los militares soviéticos como parte de un plan de la CIA para desestabilizar las fuerzas de ocupación convirtiendo a los soldados en adictos.

Los agricultores pastunes, en Pakistán y Afganistán, llevan cultivando amapola y cannabis para producir opio y hachís desde hace siglos, pero el comercio siempre fue local y a pequeña escala. Sin embargo, desde que la CIA impulsó el negocio las cosechas han sido cada vez mayores. Si desde los años veinte la mayor parte del opio se producía en el Triángulo de Oro (Burma, Vietnam, Laos y Tailandia), hoy en día, entre el 80 % y el 90 % de la heroína mundial viene de Afganistán y Pakistán.

La tribu de los Afridi está involucrada en todas las fases del negocio de la heroína: da préstamos a los agricultores a cuenta de la cosecha, compra el opio crudo, lo traslada a los laboratorios donde se transforma en heroína y lo distribuye en Pakistán y en los mercados internacionales.

Ayub Afridi no sólo traficó con opio y heroína, sino también envió grandes cargamentos de hachís a Europa. En 1983 se descubrieron 17 toneladas de hachís en un almacén de Beluchistán, al oeste de Pakistán, y se dictó una orden de detención contra él. Tres años después, un narco arrestado en Bélgica lo delató como proveedor y de nuevo fue reclamado. En aquella época estaba bajo la protección de las autoridades de la región y nadie lo fue a buscar.

En aquellos años, Afridi ganó enormes cantidades de dinero y se construyó un palacio de proporciones gigantescas en Landi Kotal: más de cuarenta hectáreas de edificios, jardines y piscinas. Una auténtica fortaleza con más de cien habitaciones en las que Afridi dio rienda suelta a la ostentación más obscena. Se cuenta que cada habitación, todas llenas de valiosos objetos europeos, llevaba el nombre de una marca occidental famosa, como Armani, Lagerfeld o Chanel. Haji Ayub se gastó más de dos millones de dólares en construirla, una cifra descomunal en el Pakistán de los años ochenta. Cuentan que tenía cientos de hombres armados para custodiarla.

A mediados de los años ochenta, Afganistán se había convertido en el Vietnam soviético, un auténtico grano en el culo del Kremlin. Pese al enorme despliegue de fuerzas, no conseguían acabar con el movimiento rebelde afgano apoyado, entre otros, por Estados Unidos, Arabia Saudí, Reino Unido, Pakistán y China. Desde muchos países árabes se vio al gobierno comunista de Kabul como ateo e impío, lo que impulsó a numerosos jóvenes musulmanes de otros países a unirse a la *yihad* de los rebeldes afganos. Entre ellos estaba un joven saudí de rica familia que daría mucho de qué hablar: Osama Bin Laden.

Con la llegada al poder de Mijaíl Gorbachov, se produjo un cambio en la política exterior soviética que buscaba una relajación de la tensión internacional. Entre 1988 y 1989, las tropas soviéticas se fueron de Afganistán dejando al gobierno sólo en su lucha contra los muyahidines. Abandonado por sus aliados soviéticos, el régimen no resistió el embate de los rebeldes que tomaron Kabul en 1992 y fundaron el estado Islámico de Afganistán. Sin embargo, la paz no llegó, pues los diferentes grupos rebeldes no estaban de acuerdo con el reparto de poder y siguieron luchando, pero esta vez entre ellos. La situación de caos benefició a Afridi, quien traficó cada vez a mayor escala.

Pakistán era un estado dominado por los militares, y Ayub Afridi siempre lo tuvo muy en cuenta. Durante su colaboración con la CIA también se relacionó con los servicios pakistaníes de inteligencia militar y estableció importantes contactos en el ejército que le serían muy útiles toda su vida.

En 1988 Benazir Bhuto ganó las elecciones y se convirtió en la primera mujer en gobernar un país musulmán, pero los militares no estaban contentos con las medidas que tomó y lograron destituirla en 1990. En las siguientes elecciones, Haji Ayub se presentó por el partido de Nawar Sharif, quien sería el nuevo primer ministro, y logró convertirse en uno de los ocho delegados designados por las zonas tribales para representarlas en la Asamblea Nacional de Pakistán, lo que le otorgó inmunidad parlamentaria.

Las lealtades de Ayub Afridi cambiaban con el viento dominante. Poco después, junto con otros líderes tribales pastunes, volvió a aliarse con Bhuto. La conspiración consiguió echar a Sharif, pero la candidatura de Afridi a las elecciones de 1993 no fue aceptada y perdió su inmunidad. Ante el riesgo de ser detenido pasa a la clandestinidad, repartiendo su tiempo entre Pakistán, Afganistán y los Emiratos Árabes Unidos.

En Afganistán, con la llegada al poder de los muyahidines, la producción de opio y la exportación de heroína a los países occidentales crecieron significativamente. Las redes de narcotráfico alentadas por la CIA años antes estaban inundando de heroína las ciudades americanas y europeas. Para contentar a la opinión pública, Estados Unidos intentó lavar su imagen mostrando que combatía a los señores del opio. Afridi recibió una oferta de Estados Unidos para que se entregara a cambio de una sentencia leve, en consideración a "los servicios prestados" durante la ocupación soviética de Afganistán.

En 1994 el mulá Mohammed Omar inició el levantamiento talibán que se extendió rápidamente y acabó con la toma de Kabul en 1996 y la instauración del Emirato Islámico de Afganistán: un régimen basado en una interpretación fundamentalista de la *sharia*. Durante los primeros años del régimen de los talibanes la producción de opio y heroína se multiplicó. Construyeron cientos de laboratorios para refinar la heroína y aprovecharon los enormes beneficios para mantenerse en el poder. En 1999 se calculaba que un millón de afganos (de una población de veinte millones) se dedicaba al cultivo del opio y producían 4 600 toneladas anuales, el doble que antes de la llegada de los talibanes.

Las ciudades de Mazari Sharif y Kunduz se convirtieron en el mayor supermercado de heroína del mundo. Los compradores llegaban de las vecinas repúblicas exsoviéticas de Uzbekistán, Tayikistán y Turkmenistán, a apenas unas horas en coche, desde donde la heroína se distribuía por toda Europa.

En 1995 Afridi abandonó su escondite en las montañas afganas y viajó, con pasaporte afgano, hasta Dubái donde agentes de la CIA lo subieron a un avión que iba rumbo a Estados Unidos. Allí fue sometido a juicio y condenado por tráfico de drogas. Pasó tres años y medio en la cárcel y fue liberado en 1999. Nada más regresó a Pakistán lo detuvo la policía. Tras dos años en custodia, en 2001 fue condenado a siete años de cárcel por exportar más de seis toneladas de hachís a Bélgica. Sin embargo, pocas semanas después de recibir la sentencia salió en libertad de la cárcel de Karachi sin que el ministerio de justicia pakistaní diese ninguna explicación. Se supone que tras los atentados del 11-S, Estados Unidos contactó con Afridi con la intención de que convenciera a los jefes de las distintas tribus y clanes pastunes de Afganistán para que colaboraran en pacificar al país y ayudaran en la lucha contra los talibanes. La CIA estaba convencida de que Osama Bin Laden se escondía en las montañas afganas y a cambio de su cabeza estaba dispuesta a hacerse de la vista gorda con el tráfico de heroína.

En 2000 los talibanes, alegando motivos religiosos, habían prohibido el cultivo de amapola y encarcelado a los agricultores que se negaron a destruir su cosecha. La producción de opio se redujo drásticamente a niveles nunca vistos. El año anterior Afganistán había cosechado 4 000 toneladas de opio, tres cuartas partes de la producción mundial, y de repente los campos de amapola desaparecieron.

No está muy claro por qué los talibanes pasaron de promover el cultivo de opio a prohibirlo, pero se cree que lo hicieron para ganar apoyo internacional hacia su régimen mientras se deshacían del opio sobrante de la cosecha de 1999, la mayor de la historia. Dado que 2000 fue un año de sequía y la calidad del opio es mejor cuando llueve lo suficiente, parece que escogieron dejar de sembrar un año en el que no iban a tener una buena cosecha y cuando los almacenes estaban bien surtidos. Lo cierto es que el número de hectáreas plantadas de amapola descendió un 91 % respecto al año anterior y la producción de opio crudo no llegó a 200 toneladas, frente a las casi 4 000 de años anteriores.

Al año siguiente los talibanes levantaron la prohibición, pues vieron que no iban a conseguir el reconocimiento internacional y, temiendo la intervención americana, prefirieron tener contentos a los campesinos.

Curiosamente, durante las semanas posteriores a los ataques a las torres gemelas en Nueva York, los precios del opio se hundieron a la mitad en Afganistán. La acusación de que Osama Bin Laden se escondía en el país provocó la intervención americana, y los afganos decidieron vender su opio para tener dinero en efectivo en caso de guerra.

En 2001, menos de un mes después de los atentados del 11-S, Estados Unidos invadió Afganistán con la excusa de buscar a Osama Bin Laden y derrocó al régimen talibán. Meses después tropas de Naciones Unidas y de la OTAN se sumaron a la ocupación. Pese a los éxitos iniciales, los talibanes no tardaron en reorganizarse y hacerse fuertes en algunas zonas desde donde continúan combatiendo.

Tras la caída de los talibanes, los Estados Unidos colocaron al frente del gobierno de Afganistán y de sus provincias a antiguos colaboradores de la CIA durante la invasión soviética. En la provincia de Nargarhad (donde esta Jalalabad, principal zona de cultivo de opio) pusieron de gobernador a Haji Abdul Qadir, quien había sido uno de los socios afganos de Haji Ayub Afridi durante la guerra con los soviéticos. Qadir se encargaba de hacer llegar la heroína refinada en los laboratorios pakistaníes de Afridi a los soldados soviéticos, como parte de un plan de la CIA para desestabilizar al ejército ruso. El contrabando de heroína y aparatos electrónicos, durante los ochenta, convirtió a Qadir en uno de los señores de la guerra más ricos de Afganistán.

En 2005 Afridi fue citado a declarar acusado de un delito de narcotráfico. Aunque no se presentó el juez lo condenó, pero no ingresó a prisión. Al año siguiente la justicia ordenó la incautación de muchos de sus bienes por valor de varios millones de dólares, pero sus abogados consiguieron atascar el proceso y evitaron su ejecución.

Haji Ayub Afridi murió en 2009, con cerca de ochenta años, en su casa de Landi Kotal.

Pablo Escobar Gaviria: El Patrón

El Patrón fue el máximo capo del cártel de Medellín y probablemente el narcotraficante más famoso del mundo. Durante los años ochenta Pablo Escobar controló Colombia a su antojo. Se metió en política y salió elegido para la cámara de representantes, hizo numerosas obras sociales y estuvo vinculado con el asesinato de 4 000 personas. Cuando no pudo controlar al gobierno sumió a Colombia en una ola de narcoterrorismo. El Zar de la cocaína fue una de las diez personas más ricas del mundo, su fortuna se acercaba a los 25 000 millones de dólares. Cuando se entregó lo hizo a cambio de internarse en su propia prisión: la Catedral. Escapó de la cárcel y permaneció prófugo durante 17 meses. Hicieron falta 4 000 policías para encontrarlo.

Pablo Emilio Escobar Gaviria nació en Rionegro, Colombia, el 1 de diciembre de 1949. Su padre era un pequeño agricultor y su madre maestra de primaria. Pablo era un joven simpático, mal estudiante y muy aficionado al futbol. Su familia se trasladó a Medellín en 1961. Desde joven fumaba marihuana varias veces al día y siempre antes de jugar futbol: una de sus pasiones junto con los coches y los animales. Escobar era un animal nocturno, nunca se levantaba antes del mediodía y se acostaba de madrugaba.

Con 20 años se inició en los negocios turbios. Robaba lápidas del cementerio para contrabandearlas hacia Panamá. Luego se pasó al robo de coches y a los secuestros, como el de Diego Echavarría, un empresario textil que murió a mano de sus captores. A partir de ese momento Escobar usó a menudo el alias de Doctor Echavarría. En 1974 fue acusado de robo de vehículo e ingresó a prisión. Había dos testigos en su contra, pero aparecieron muertos y la causa se archivó.

Para su primer tráfico, Escobar estaba dispuesto a llevar él mismo la coca, pero no tenía visa de entrada a Estados Unidos. Consiguió que un marinero lo escondiera en un barco que iba a Florida. Cuando el barco se acercara a la costa, Pablo saltaría al agua y una lancha lo recogería. Tuvo que nadar un largo rato, con la cocaína colgada del cinturón hasta que lo recogieron: regresó con 40 000 dólares.

En 1975 ya estaba de lleno en el negocio de la coca. Compraba la pasta base en Perú y se la vendía a *traquetos* (traficantes) que la pasaban a Estados Unidos. Manejaba cantidades medianas, cinco o diez kilos cada dos o tres meses, y empezó a ganar mucho dinero. En marzo de 1976 se casó con Victoria Eugenia Henao cuando ésta tenía 15 años.

En 1976 volvió a ser detenido cuando la policía le tendió una trampa. Le decomisaron a Escobar un camión que transportaba 39 kilos de cocaína. Quien estaba a cargo dejó que el conductor llamara a su jefe y le pidiera un soborno para los policías. Cuando Pablo llegó con el dinero lo detuvieron. Escobar resolvió este problema a su manera: los detectives que investigaban el caso aparecieron asesinados y la jueza recibió numerosas amenazas. Consiguió que el caso fuera remitido a otro juzgado, donde fue revocada la detención y se ordenó su libertad.

Fundó el cártel de Medellín hacia mediados de 1976, que lideraba sin discusión junto con Gonzalo Rodríguez Gacha, quien había sido y seguiría siendo traficante de esmeraldas; Carlos Ledher, un traficante de marihuana que hablaba inglés, tenía contactos con compradores en Estados Unidos y una pista de aterrizaje en las Bahamas, y los hermanos Jorge Luis, Fabio y Juan David Ochoa quienes eran los socios capitalistas. Su primo Gustavo Gaviria y su hermano Roberto Escobar, el Osito, se ocupaban de la contabilidad. Se le llamó cártel porque los narcotraficantes se asociaban para compartir rutas, contactos y otros recursos, pero llevaban los negocios por separado. A cada narco se le asignó un color y unas claves para poder distinguir de quién era cada paquete y a quién iba dirigido. En los años siguientes se sumaron al cártel pistoleros, traficantes, pilotos, abogados y lavadores de dinero. A finales de los ochenta llegó a contar con 2 000 miembros sólo en su aparato militar. La ley de Escobar era sencilla: "plata o plomo" (o aceptas el dinero o te doy un balazo), y con ella conseguía doblegar todas las voluntades. Con este sistema compraba políticos, policías, jueces y militares.

En estos años primero Alfonso López Michelsen gobernaba Colombia y después Julio Cesar Turbay. Ambos fueron, al igual que lo era la sociedad colombiana, muy permisivos con los narcotraficantes que, con sus grandes fortunas, beneficiaron a mucha gente que hacía negocios legales con ellos. Las clases altas tradicionales ganaron mucho dinero vendiéndoles mansiones y fincas, manejando su dinero o montando empresas con ellos. Los "dineros calientes" del narco comenzaron a financiar campañas electorales y comprar así a los políticos.

En 1977 el Patrón ganó su primer millón de dólares. El negocio de la coca empezó a rendir beneficios astronómicos. Ese año inauguraron el Expreso de la cocaína, como se conoció a la vía aérea que servía como ruta de entrada a Estados Unidos. Un piloto americano, Barry Seal, despegó de Bahamas con una avioneta, aterrizó en una pista clandestina a las afueras de Medellín, cargó un cuarto de tonelada de cocaína y voló hasta Florida haciendo escala en Bahamas para repostarse. El nuevo sistema le encantó a Escobar, en una sola operación de cuatro horas habían coronado un alijo de diez millones de dólares. A partir de ese momento la vía aérea y los grandes cargamentos se convirtieron en la norma. Carlos Ledher compró una isla, Norman's Cay, en 1978. La isla contaba con pista de aterrizaje y se convirtió en la base del cártel en Bahamas.

Para 1979 los cargamentos superaron la tonelada. Escobar realizaba el negocio completo. Compraba la pasta de coca en Bolivia o Perú, la trasladaba en sus avionetas Turbo Comander, la transformaba en cocaína y la enviaba a Estados Unidos. Los laboratorios estaban en las selvas de Urabá y el Magdalena medio, y la cocaína se llevaba en avionetas desde pistas clandestinas hacia otros puntos del país donde se embarcaba en otras avionetas que, volando a muy baja altura (alrededor de diez metros), la llevaban hasta las costas de Florida, Bahamas o Bermudas. Las avionetas entregaban la cocaína y regresaban cargadas con millones de dólares.

El dinero entró a raudales. Escobar compró fincas y casas en Colombia, Miami, Panamá. Parte del dinero se envió a bancos de Panamá, un paraíso fiscal donde el secreto bancario lo mantuvo a salvo de la policía.

Aunque gran parte del negocio pasaba por Bahamas, el Patrón no quería depender completamente de esa ruta y organizó nuevos caminos a través de Puerto Rico, Panamá o Costa Rica. México empezó a rondar su cabeza.

A Pablo Escobar le gustaban los motores. Así que en 1979 y 1980 compitió en la Copa Renault 4 con su primo Gustavo. Tenía una flota de coches mejorados y contrató a un famoso piloto colombiano como director del equipo. El primer año acabó en cuarto lugar en la categoría de novatos.

Escobar tenía su lugar de descanso en la Hacienda Nápoles, una inmensa finca de 3 000 hectáreas a medio camino entre Bogotá y Medellín. Construyó lagos y piscinas; sembró 100 000 árboles frutales; montó un zoológico e importó animales de todo el mundo. Elefantes, hipopótamos, rinocerontes, dromedarios, búfalos, antílopes, avestruces, cacatúas y así hasta cerca de 200 especies de animales exóticos, la mayoría traídos de contrabando. A finales de 1980 abrió el zoológico al público. Se dice que utilizaba los excrementos de los animales más grandes como elefantes, rinocerontes, búfalos o hipopótamos para embadurnar los paquetes de cocaína y confundir a los perros detectores de droga.

En la zona privada de la finca tenía helipuerto y pista de aterrizaje, plaza de toros y todas las comodidades para recibir a políticos, empresarios, periodistas, reinas de belleza y, cómo no, a grandes capos como él. Las fiestas en Hacienda Nápoles eran espectaculares. El Patrón hacía venir a cantantes famosos para amenizarlas. No faltaban ni el alcohol ni la cocaína ni las mujeres. A Escobar le gustaban las mujeres muy jóvenes y siempre tenía adolescentes y reinas de belleza dispuestas a entretenerlo.

Pablo vivía en el lujo pero era generoso con los más pobres. A veces visitaba los basureros de Medellín y repartía dinero entre la gente. Construyó e iluminó muchos campos de fútbol y edificó casas populares para los más pobres como el barrio Medellín sin tugurios. Aficionado desde joven al ciclismo patrocinó a ciclistas pobres a los que pagaba un sueldo para que pudieran dedicarse a entrenar.

En 1981 guerrilleros del M-19 secuestraron a Martha Nieves Ochoa Vásquez, hermana de Jorge Luis Ochoa Vásquez. Escobar como respuesta a este suceso fundó el grupo MAS (Muerte a Secuestradores). Este grupo, financiado por los principales narcos del momento con sumas millonarias, se dedicó a secuestrar, asesinar o delatar a líderes del M-19 hasta que el grupo guerrillero accedió a parlamentar. Devolvieron a Martha sana y salva y acordaron no volverse a atacar.

Escobar decidió meterse en política y entró en el partido Nuevo Liberalismo de Luis Carlos Galán. Galán lo expulsó del partido cuando se enteró del origen de su fortuna y Pablo se presentó por Alternativa Liberal de Alberto Santofimio. En 1982 consiguió salir elegido en la Cámara de Representantes como suplente de Jairo Ortega. Pablo consiguió así inmunidad parlamentaria lo que impidió que lo pudiesen detener salvo en caso de delito flagrante. También consiguió una visa privilegiada para visitar Estados Unidos.

En octubre de 1982 viajó a España y asistió a la fiesta que dio el Partido Socialista Obrero Español en el Hotel Palace de Madrid después de ganar las elecciones. En ese viaje hizo contacto con los narcos de Galicia y con miembros de la Camorra. También contactó con los hermanos Fernández Espina, asturianos especializados en el blanqueo de dinero a través de la industria hotelera.

Viajaba frecuentemente a Panamá y a Brasil, donde se reunía con los narcos españoles y desde donde se embarcaba la coca que iba a la Península Ibérica. A finales de año el Patrón viajó a Estados Unidos con pasaporte diplomático. Visitó Florida, Nueva York y Washington, donde se hizo la famosa foto en la que posa junto a su hijo frente a la Casa Blanca.

En 1983 fue acusado de narcotráfico por el ministro de justicia Rodrigo Lara Bonilla. El diario *El Espectador* recuperó el caso de su detención en 1976. Los hombres del Patrón recorrieron los quioscos de Medellín y compraron toda la edición del periódico, pero el daño a la imagen de Escobar ya estaba hecho. Santofimio lo expulsó de Alternativa Liberal. Un juez retomó el caso, ordenó su detención y pidió al congreso que le levantara la inmunidad. Los abogados consiguieron frenar la detención, pero el ministro iba por él.

Escobar se largó a ver un enorme laboratorio de cocaína que estaba construyendo: Tranquilandia. Con siete pistas de aterrizaje y capaz de procesar cinco toneladas semanales de cocaína: era el laboratorio más grande del cártel. Pero las cosas se iban a torcer, poco después se produjo una operación de la policía y la DEA contra Tranquilandia. Se destruyeron laboratorios, pistas de aterrizaje, cultivos, cocaína procesada y aviones por valor de mil millones de dólares.

En represalia, el comandante de policía y el ministro de justicia Rodrigo Lara Bonilla fueron asesinados por sicarios en moto en 1984. A causa de esto el presidente Belisario Betancur anunció un Tratado de Extradición con Estados Unidos. Los narcos huyeron a Panamá y empezaron una guerra total contra el Estado. Fue la época del narcoterrorismo. Bush aumentó el presupuesto de la DEA.

Escobar y otros narcos le propusieron al presidente Betancourt dejar el negocio y desmantelar los cultivos y los laboratorios a cambio de una amnistía, pero el presidente no aceptó. Más tarde Pablo diría: "Ofrecimos cancelar la totalidad de la deuda externa colombiana que para esa época ascendía a la no despreciable suma de 11 000 millones de dólares, pero la respuesta del gobierno fue un no rotundo".

En 1984 son detenidos en Madrid Jorge Luis Ochoa y Gilberto Rodríguez Orejuela. La ruta de las Bahamas se cayó cuando la DEA descubrió Norman's Cay y Escobar decidió probar con la vía de México. Tenía como contacto charro a Miguel Félix Gallardo quien traficaba con marihuana. Utilizando las mismas rutas de la hierba, empezaron a pasar coca.

En noviembre de 1985, Escobar pagó dos millones de dólares al grupo guerrillero M-19 para que tomara por asalto el Palacio de Justicia de Colombia. Las fuerzas armadas respondieron violentamente y el resultado fue de un centenar de muertos, pero en la batalla se destruyeron los expedientes de los casos de narcotráfico y murieron 11 de los 24 jueces supremos.

Escobar temía a la extradición más que a ninguna otra cosa. En 1986 creó el grupo de los Extraditables que, bajo el lema "Mejor una tumba en Colombia que una cárcel en Estados Unidos", intentaron impedir que la extradición prosperara. Decenas de bombas y asesinatos conmocionaron al país, cayeron jueces, periodistas, militares, policías, fiscales. El año más violento en Colombia fue 1987, sólo en Medellín había 10 asesinatos diarios.

La Corte Suprema declaró que el Tratado de Extradición no se podía aplicar puesto que el presidente de entonces, Julio Turbay, no lo había ratificado. Aunque el presidente Virgilio Barco lo ratificó, la Corte insistió en su invalidez.

Desde 1987 los cárteles de Medellín y Cali entraron en guerra. Los antioqueños pusieron bombas contra la cadena de farmacias Drogas La Rebaja, propiedad de los Rodríguez Orejuela quienes por su parte pusieron un carro bomba en 1986 frente al edificio Mónaco donde vivía Escobar con su esposa y sus hijos, Juan Pablo y Manuela quienes sufrieron algunos daños en el oído.

El cártel de Medellín movía a finales de los ochenta el 80 % de la cocaína que se consumía en Estados Unidos. En 1988 Escobar le ofreció por carta al presidente Barco retirarse del negocio, entregar armas, laboratorios y pistas clandestinas si se anulaba la extradición y se suspendían los allanamientos y la represión contra sus hogares y familias. El presidente no cedió y los atentados se intensificaron.

Escobar mandó matar en agosto de 1989 al candidato presidencial Luis Carlos Galán cuando éste era el favorito para las elecciones. Galán criticaba abiertamente la financiación de los partidos políticos con los "dineros calientes" del narcotráfico. La noticia sacudió al país. Esto provocó que el presidente Barco contraatacara a los narcos, especialmente a los miembros de los Extraditables. Autorizó la extradición por decreto así como el decomiso de los bienes de los narcos. Un día después ya había más de 10 000 detenidos. La policía ocupó la Hacienda Nápoles y muchas de sus fincas y edificios. Escobar escondió a su familia, subió el precio de la cocaína para tener recursos y decidió aumentar los atentados: empezó la narcoguerra total. Cientos de bombas sacudieron al país. Pablo intentó que el congreso convocara un referéndum nacional sobre la extradición convencido de que el pueblo no la aprobaría.

En noviembre de 1989 hizo explotar en el aire el vuelo 203 de Avianca donde murieron 107 personas. Las intenciones de Escobar, al realizar este atentado, no se conocen con certeza, sin embargo, parece que en el avión debía ir Cesar Gaviria, candidato a la presidencia, pero el candidato no subió al avión por consejo de sus asesores.

En diciembre puso un coche bomba a las puertas del DAS, la policía secreta colombiana, para matar a su director, el general Miguel Alfredo Maza Márquez. El general se salvó pero hubo 104 muertos y casi 1 000 heridos. Ese mismo mes el gobierno localizó el escondite de Gonzalo Rodríguez Gacha, el Mexicano, jefe militar del cártel de

Medellín, delatado por el cártel de Cali. Cuando aparecieron los comandos de la Policía Élite, el mexicano se suicidó detonando una granada junto a su cabeza.

Pese a la ofensiva de Escobar, el referéndum sobre la extradición no se convocó. Aunque el negocio siguió funcionando y los cargamentos de cocaína coronaron, las cosas no iban bien para el Patrón. Para mantener la guerra se dedicó a cobrar un impuesto a todos los narcos y a los empresarios que se habían beneficiado de su dinero. El que no pagaba la plata recibía su ración de plomo o bien era secuestrado. La policía empezó a hablar el mismo lenguaje que el Patrón. Secuestraba, torturaba y asesinaba a la gente cercana al capo. Pablo contestó ofreciendo 2 millones de pesos (unos 4 000 dólares) por cada policía muerto y el doble si pertenecía a la Policía Élite. Entre marzo y junio murieron unos 300 policías en Medellín.

Escobar vivió en la clandestinidad cambiando frecuentemente de lugar y siempre contaba con varios cordones de seguridad que le avisaban de cualquier movimiento de las fuerzas del orden. Todas las vías de entrada y salida de sus escondites estaban vigiladas y solía contar con vehículos todoterreno, helicópteros, caballos ensillados y lanchas listas para la huida. En algunas de sus guaridas había túneles secretos de salida o senderos en medio del monte. Clavó grandes estacas de madera en las explanadas cercanas a las casas para que los helicópteros de las fuerzas especiales no pudieran aterrizar.

En enero de 1990 los Extraditables le ofrecieron a Barco un pacto para detener el terrorismo a cambio de garantías legales y constitucionales. Escobar liberó a varios secuestrados como muestra de buena voluntad e incluso entregó un gran laboratorio capaz de producir 20 toneladas mensuales de cocaína. Ese mismo mes se celebró una cumbre especial en Cartagena de Indias para hablar de guerra contra las drogas y Barco aprovechó para consultar con George Bush. El presidente Bush dijo que no y acabó con las esperanzas de Escobar. Volvió el terrorismo y fueron asesinados dos candidatos presidenciales, Bernardo Jaramillo Ossa en marzo y Carlos Pizarro Leongómez en abril. Pablo continuó en la clandestinidad, cada vez más perseguido. Cambió de lugar cada pocos días y a menudo lo hizo a pie o a caballo, lejos de caminos y carreteras. Con frecuencia se refugió bajo la protección de las autodefensas, grupos paramilitares que luchaban contra la guerrilla.

En agosto de 1990 tomó posesión Cesar Gaviria como presidente de Colombia. Como parte de su plan para presionar al gobierno, Escobar secuestró a varios miembros de familias importantes del país. Diana Turbay, hija de un expresidente, fue secuestrada junto con siete periodistas. Francisco Santos, hijo del propietario de *El Tiempo*, el periódico más importante de Colombia, también cayó en manos de Pablo así como Maruja Pachón, cuñada del asesinado Luis Carlos Galán.

Gaviria promulgó en septiembre de 1990 la ley de sometimiento a la justicia por la que ofrecía a los narcos la no extradición, rebaja de penas y trato digno si se entregaban, confesaban todos sus delitos, entregaban los bienes usados para cometerlos y daban información sobre sus socios.

Escobar se sintió algo menos perseguido, volvió a concentrarse en los envíos de cocaína y montó grandes fiestas.

En una de éstas trajo a un grupo de modelos de Medellín. Las hizo desnudarse y disputar una carrera cuyo premio era un Mercedes Benz. Pablo y sus secuaces apostaban divertidos por una u otra modelo.

Los hermanos Fabio, Jorge Luis y Juan David Ochoa decidieron, con el consentimiento de Pablo, entregarse a la justicia bajo las condiciones de la ley de sometimiento a la justicia. Pablo presionó al gobierno ejecutando a dos de sus prisioneros, Diana Turbay y Marina Montoya. La opinión pública presionó al presidente para que consiguiera la liberación de los secuestrados y éste acabó publicando un nuevo decreto más favorable para los narcos.

En mayo de 1991 el resto de los secuestrados fueron puestos en libertad. Pablo negociaba el lugar donde iba a ser recluido. El capo quería construir su propia prisión en Envigado, cerca de Medellín. Los guardias los designaría el ayuntamiento, al que tenía bajo su control, y el ejército sólo vigilaría el exterior pero no entraría. El gobierno aceptó, y el 19 de junio Pablo Escobar se entregó a las autoridades.

La prisión La Catedral sólo acogió a Pablo y a sus socios. En ella gozaban de todo tipo de comodidades y del control absoluto de quien entraba y salía. Escobar había hecho construir "caletas", por toda la prisión, donde escondía armas y dinero. Todas las carreteras de acceso contaban con vigilantes que informaban al Patrón de cualquier movimiento. Escobar temía que el gobierno, la DEA o sus enemigos del cártel de Cali atentaran contra él.

En prisión Escobar siguió haciendo negocios, jugando al futbol, celebrando fiestas y recibiendo mujeres. Incluso salía para asistir a fiestas o partidos de futbol. Cobraba un impuesto al resto de narcos por dejarles hacer negocios. Les decía: "El negocio lo organicé yo, la guerra contra la extradición la gané yo, la paz fue posible porque yo me entregué y eso les permite trabajar a ustedes con libertad. El Patrón soy yo. Todos me tienen que pagar".

La gota que derramó el vaso del gobierno fue la ejecución de los narcotraficantes Fernando Galeado y Kiko Moncada en La Catedral. Pablo los mató después de robarles una "caleta" donde escondían 20 millones de dólares. En julio de 1992, trece meses después de la entrega de Escobar, el gobierno se decidió a tomar La Catedral y acabar con la farsa. Cuando los militares ya tenían rodeada la prisión, Pablo sobornó a unos soldados y logró huir a través del monte, vestido de mujer y acompañado por su hermano Roberto y siete de sus hombres.

El Patrón volvió a la clandestinidad, pero ahora las familias Moncada y Galeado, junto con el cártel de Cali y el líder paramilitar Fidel Castaño, montaron el grupo los Pepes (Perseguidos por Pablo Escobar) y colaboraron con las autoridades para darle caza. Los Pepes pusieron bombas en los edificios del Patrón, asesinaron a colaboradores y abogados. Fidel Castaño se convirtió en jefe de operaciones de los Pepes.

El gobierno creó el Bloque de Búsqueda que, asesorado por la DEA, integraba a la policía: el DAS (el servicio de inteligencia colombiano) y la inteligencia policial y del ejercito. La DEA ayudó al gobierno con cinco aviones capaces de detectar y localizar cualquier llamada que hiciera Escobar. Cerca de 500 puestos de control se instalaron por todo Medellín y Antioquía para intentar atraparlo.

Pablo tenía que cambiar constantemente de lugar, a veces hasta dos veces al día. Se refugiaba en alguna de sus más de 300 fincas o en casas de gente que lo apoyaba. Corrían rumores de que se desplazaba en ambulancias, furgones blindados o incluso dentro de un ataúd en un coche fúnebre. Intentó negociar con el gobierno pero no lo escucharon. Las recompensas ofrecidas por la DEA, el gobierno colombiano y los Pepes sumaban seis millones de dólares, la mayor recompensa que se había ofrecido en el mundo por la captura de un delincuente.

La familia de Pablo le pedía que se entregara, y aunque lo tentaba la idea, temía que lo pudieran asesinar en el momento de la entrega. Después de la farsa de La Catedral tanto la Policía Élite como los Pepes tenían claro que Escobar debía morir.

Entre octubre y diciembre intentó entregarse al menos dos veces, pero el convencimiento de que sería asesinado se lo impidió. Dedicaba la mayor parte de sus energías a no ser capturado y pasaba el día organizando maneras de confundir al Bloque de Búsqueda. Para acabar con la policía secreta ofreció cuatro millones de pesos por cada policía muerto. Las bombas volvieron a sacudir Colombia. El Patrón participó personalmente en algunos de estos atentados.

En un intento desesperado por ganar ventaja se declaró jefe de un movimiento insurgente, Antioquía Rebelde, y exigió al gobierno que negociara con él como lo hacía con las guerrillas. La idea fracasó porque no consiguió aliarse con los grupos guerrilleros que no querían meterse en la lucha que libraba Escobar. Volvieron los atentados, pero la sociedad colombiana estaba harta de la violencia y poco a poco la opinión pública comenzó a ponerse contra Escobar.

Los Pepes contraatacaron matando a socios, abogados y sicarios de Escobar y poniendo bombas frente a las casas de sus familiares. El gobierno dobló la recompensa y ofreció el indulto a quien lo entregara. Cada día estallaban bombas y se producían ejecuciones contra los dos bandos.

Escobar intentó sacar a sus hijos del país rumbo a Estados Unidos, pero las autoridades se lo impidieron alegando que necesitaban el permiso de su padre firmado ante un notario. La embajada americana negó las visas hasta que Pablo fuera a recogerlos a la embajada americana.

En la primavera de 1993 Pablo había sufrido muchas bajas y estaba perdiendo la guerra. Aún así tenía espías dentro del Bloque de Búsqueda que le proporcionaban información muy valiosa e incluso intentaron envenenar la comida de los policías, aunque el veneno no hizo más que darles dolor de estómago. En marzo volvió a frustrarse otro intento de entrega. Escobar, furioso, ordenó más atentados y los Pepes respondieron asesinando a uno de sus abogados y su hijo. La gente que apoyaba a Escobar tenía miedo de los Pepes y el Patrón cada vez tenía menos poder para defenderla.

En agosto planteó nuevas condiciones para entregarse: seguridad para su familia y que se procesara a sus enemigos. El gobierno cumplía su parte: sus familiares se mudaron a un edificio vigilado por la policía y se dictó orden de captura contra los líderes de los Pepes. Cuando parecía que Escobar volvería a prisión, unos sicarios atacaron el edificio donde vivía su familia. La entrega ya no fue posible.

En octubre se montó el mayor operativo nunca antes visto contra Escobar. Un informante avisó dónde estaba escondido el capo y hasta allí fueron ocho helicópteros y más de dos mil hombres. Lo buscaron durante cuatro días pero el Patrón ya había volado. Volvieron las negociaciones con la Fiscalía, esta vez por boca de su hijo Juan Pablo ya que nadie quería que lo asociaran con Escobar. Prometió entregarse si sacaban a su familia del país y la llevaban a un lugar seguro, pero la fiscalía exigió que se entregara primero. Como Escobar no aceptó, a finales de noviembre retiraron la protección a su familia y estos tomaron un avión hacia Frankfurt. Las autoridades alemanas les prohibieron la entrada al país y tuvieron que regresar a Colombia.

La familia se instaló en Bogotá y la policía se sentó a esperar: Escobar llamaría tarde o temprano y entonces rastrearían la llamada. El Patrón sabía que las líneas estaban intervenidas y hacía llamadas muy cortas que no se podían rastrear.

El 1 de diciembre celebró su cumpleaños 44 sin su familia. Habló con ella pero siempre con llamadas cortas. Al día siguiente hizo una llamada un poco más larga que pudo ser rastreada. Un comando del Bloque de Búsqueda se desplazó al lugar. Cuando el comando echó abajo la puerta, Escobar y el Limón, uno de sus lugartenientes, salieron al tejado para intentar escapar. Parte del comando los estaba esperando. Primero cayó el Limón, Pablo disparó varias veces pero tres proyectiles lo tumbaron sobre el tejado. El Patrón estaba muerto. Cuando el subdirector de la policía llamo al ministro de defensa sólo necesito dos palabras para informarle: "Cayó Escobar", le dijo.

Gilberto y Miguel Rodríguez Orejuela: Los Caballeros de Cali

Los hermanos Gilberto y Miguel Rodríguez Orejuela formaron la mayor organización dedicada al tráfico de cocaína que ha existido en Colombia: el cártel de Cali. Durante dos décadas compitieron contra el cártel de Medellín de Pablo Escobar por inundar Estados Unidos y Europa con cocaína. Los Caballeros de Cali manejaron el cártel como una gran corporación multinacional, generaron miles de millones de dólares de beneficio y sobornaron a todas las autoridades que podían darles problemas. En los años noventa distribuían el 70 % de la cocaína que llegaba a Estados Unidos y el 90 % de la que se consumía en Europa.

GILBERTO RODRÍGUEZ OREJUELA nació el 31 de enero de 1939 en Mariquita (Tolima) mientras que su hermano Miguel lo haría cuatro años más tarde en Santiago de Cali, el 23 de noviembre de 1943. Los llamaban los Caballeros de Cali porque venían de una familia acomodada y se relacionaban con la clase alta de la ciudad.

En sus comienzos en la mala vida los hermanos Rodríguez Orejuela se dedicaron al secuestro con los Chemas, la banda que formaron a finales de los años sesenta junto a José Santacruz Londoño, don Chepe. Usaban el dinero de los rescates para comprar marihuana y así se fueron introduciendo en el negocio del tráfico de drogas.

Cuando el negocio de la marihuana empezó a ir bien dejaron los secuestros y se centraron en el narcotráfico. Fundaron el cártel de Cali en los años setenta y empezaron a negociar también con cocaína, que tenía la ventaja de ser mucho más fácil de transportar y dejaba mayor margen de ganancias. Entre otras actividades traían a Colombia base de coca desde Perú. Al principio lo hacían en pequeñas cantidades, pero cuando pudieron comprar una avioneta el negocio creció. La base de coca peruana se transformaba en cocaína dentro los laboratorios colombianos y desde allí se enviaba a Estados Unidos, casi siempre con escala en algún país de Centroamérica o el Caribe.

Gilberto era el más inteligente de los hermanos, le llamaban el Ajedrecista por su astucia para mover las fichas del negocio. Siempre se adelantaba a los movimientos de sus rivales y a los intentos de las fuerzas de seguridad para apresarlo. Se ocupaba principalmente de las finanzas mientras que su hermano, el Señor prefería organizar las rutas y envíos.

El negocio de la cocaína estaba despegando conforme su consumo se extendía por Estados Unidos. Los Orejuela decidieron establecer redes de distribución en Norteamérica y enviaron a un amigo de la infancia, Hernando Giraldo Soto, para que organizara los contactos. Y lo hizo bien, pues en 1978 vendía más de tres millones de dólares mensuales de cocaína. Poco después tuvo que huir por el acoso policial y fue sustituido por Santacruz Londoño quien se convirtió en el vendedor del cártel en Estados Unidos. La policía descubrió que don Chepe era el dueño de una empresa de importación de madera que en realidad traía cocaína dentro de cada tablón y tuvo que volver a Colombia. Gilberto fue a Estados Unidos para ocuparse personalmente del control de la red de distribución, pero duró poco. La policía lo identificó y casi lo atrapa; pero pudo huir a Colombia dejando a Helmer Herrera, el Pacho, a cargo del mercado americano.

Mientras el Ajedrecista estaba en Nueva York, en Colombia mandaba Miguel quien quedó a cargo del cártel. El Señor realizó una labor de penetración en la alta sociedad colombiana que estuvo más que dispuesta a participar de los beneficios del narcotráfico. Los Rodríguez Orejuela permitieron a muchas familias de la alta sociedad colombiana participar en los cargamentos de cocaína poniendo algo de dinero y obteniendo grandes beneficios sin riesgos. Gracias a esta estrategia el cártel fue ganando apoyos de las personalidades más influyentes del país.

En aquellos años la DEA estaba mucho más preocupada por el consumo de heroína y no prestaba la misma atención a la cocaína, lo que les permitió montar una gran organización en poco tiempo. El sistema se basaba en grupos criminales autónomos que respondían ante un jefe que era el único que hablaba con Cali. Este sistema resultó mucho más seguro y efectivo que el empleado por el cártel de Medellín, donde todo dependía de Pablo Escobar.

El cártel de Cali tenía una organización perfecta, como si se tratara de una gran corporación había cinco departamentos principales. El grupo de narcotráfico se ocupaba de los laboratorios para procesar la cocaína y transportarla hasta los países de destino; el grupo militar velaba por la seguridad, se ocupaba de las represalias y los sobornos de militares y policías; el grupo político tenía la función de lograr alianzas con grupos y líderes políticos y conseguir el apoyo de las autoridades y los congresistas; el grupo financiero lavaba el dinero, establecía empresas tapaderas y compraba negocios legítimos, y por último, el grupo legal era el encargado de buscar abogados para los traficantes capturados y presionar para obtener su liberación.

El cártel fue diseñado para resistir el acoso policial. Se dividió el negocio en pequeñas células formadas por unas cuantas personas que no sabían casi nada del resto del cártel. De ese modo, si eran capturadas no podían poner en peligro al resto de la organización. Las medidas de contraespionaje eran extremas y pagaron mucho dinero a ingenieros especializados para que diseñaran equipos de comunicación a prueba de intervenciones. Si aún así algo iba mal contrataban a los mejores abogados para sortear el acoso de la justicia.

Las células estaban dirigidas por hombres de confianza de los hermanos Rodríguez Orejuela, la mayoría tenía a su familia en Cali, esto servía como seguro para evitar que traicionaran a los patrones. Debían pasar inadvertidos y vestir discretamente, evitar la ostentación de dinero y los coches deportivos, no emborracharse ni organizar fiestas. Tampoco se permitían los errores ni las escusas. El que se equivocaba o metía la pata, moría.

Cuando alguien quería comprar cocaína al por mayor no tenía que pagar la mercancía directamente. El cártel se la fiaba hasta que la vendiese al siguiente intermediario. Debía, eso sí, dejar dos garantías. En primer lugar dinero o propiedades, para que el cártel pudiera cobrar su producto si el cliente era detenido y, en segundo lugar, personas de garantía: familiares casi siempre, y así evitaban que el detenido se convirtiera en informador de la policía. Si hablaba sus familiares morían.

Manejaban sus negocios seriamente reinvirtiendo beneficios en negocios legales. En julio de 1991, la revista *Time* los sacó en la portada bajo el título "Cocaína Inc. Los nuevos reyes de la droga". Los Caballeros de Cali eran menos violentos que los narcos del cártel de Medellín y preferían usar otros métodos para lograr sus propósitos. "Nosotros somos gentes de paz", solía decir Gilberto, "nosotros no matamos jueces, nosotros los compramos", y ciertamente compraron a muchos. Como afirmó el fiscal general de Colombia, Alfonso Valdivieso: "La corrupción del cártel de Cali es peor que el terrorismo del cártel de Medellín". Cada vez que tenían un problema con la justicia pagaban o amenazaban y en poco tiempo salían libres.

Fieles a su estilo comercial, los caleños compraban políticos, jueces y policías. Donaron varios millones de dólares a la campaña del futuro presidente Ernesto Samper. Cuando estalló el escándalo y se investigaron los sobornos del cártel en el mundo de la política, el abogado de los hermanos declaró: "Dar dinero del narcotráfico a las campañas políticas no es delito, el delito es recibirlo".

Mientras que los narcos de Medellín enviaban la cocaína en lanchas o avionetas que ingresaban clandestinamente a Estados Unidos, el cártel de Cali prefería mandar la coca camuflada en cargamentos legales. La droga llegaba a algunos de los miles de contenedores que se desembarcan diariamente en los puertos norteamericanos. El número de contenedores era tan grande que no se podía revisar más del cinco por ciento, lo que facilitaba mucho la labor de los traficantes. La cocaína llegó en cargamentos de madera, carbón, postes de cemento, cajas de baldosas, ventanas, botes de insecticida, cerámicas, aceite de ricino, brócoli, melones o langostinos congelados.

En el mundo de los grandes narcotraficantes es tan complicado enviar la droga como recibir el pago por ella. El cártel de Cali cobraba sus cargamentos en Estados Unidos y enviaba el dinero a Colombia para blanquearlo. Se utilizaban muchos sistemas. Al principio, cuando las cantidades no eran demasiado grandes, los dólares llegaban escondidos en las maletas de colombianos residentes en Estados Unidos que iban de vacaciones a Colombia. También se introducían dentro de cargamentos legales de refrigeradores, lavadoras o televisores.

Tras recibir el dinero tenían que "lavarlo" para poderlo disfrutar sin riesgos y lo hacían a través de bancos panameños que les cobraban una altísima comisión por ello. A finales de los setenta, Gilberto estaba harto de perder un buen porcentaje de sus beneficios a manos de los "lavaderos". Junto con Jorge Luis Ochoa, del cártel de Medellín, decidieron crear un banco en Panamá, el First Interamericas Bank, para canalizar una buena parte de los beneficios obtenidos en Estados Unidos. Además lograron el control del 75 % de las acciones del Banco de los Trabajadores, un banco colombiano cuyos accionistas eran sindicatos y cooperativas. Cambiaron los estatutos para apartar a los obreros de la junta directiva y convirtieron el banco en una gran "lavadora" de dinero negro que sirvió a gran parte de los cárteles colombianos. Cuando Panamá les retiró la licencia del First Interamericas Bank en 1985 y las actividades ilícitas del Banco de los Trabajadores empezaron a ser demasiado conocidas, cambiaron de banco e invirtieron en la Corporación Financiera de Boyacá. Gilberto había aprendido que poseer un banco y tener la capacidad de abrir cuentas corrientes y conceder préstamos era muy útil para comprar voluntades políticas.

El cártel también usaba una casa de cambio, propiedad de Oscar Cuevas, para lavar cerca de cincuenta millones de dólares semanales. Cuevas enviaba el dinero desde Estados Unidos a cuentas bancarias abiertas en Suiza y Gran Bretaña y mandaba grandes sumas a Colombia a través de empresas tapadera que invertían en comprar inmuebles, empresas y activos financieros. Oscar Cuevas pertenecía a una rica familia de Cali, había estudiado en Harvard y estaba muy bien relacionado. Era amigo de los expresidentes de Perú, Venezuela y Argentina: Alan García, Carlos Andrés Pérez y Carlos Menem. Debió ser un gran asesor puesto que entre sus clientes, además del cártel de Cali, se encontraban los guerrilleros de las Fuerzas Armadas Revolucionarias de Colombia (FARC), a quienes aconsejaba cómo manejar el dinero que obtenían a través de secuestros y del llamado "gramaje": un impuesto revolucionario que cobraban a los narcotraficantes que operaban en el territorio controlado por la guerrilla.

Cuevas había cumplido ya una pena de prisión en Estados Unidos por narcotráfico, entre 1986 y 1991. Cuando regresó a Colombia creó una red de empresas fantasma que lavaban dinero y lo transferían a distintos testaferros del cártel. La fiscalía lo detuvo en el año 2000, pero se fugó al año siguiente mientras disfrutaba de un permiso. Viajó a España y solicitó asilo político diciendo que había estado secuestrado por el grupo guerrillero Ejército de Liberación Nacional (ELN). En Madrid se instaló en un lujoso barrio y se relacionó con algunas de las familias más adineradas de la capital española, lo que le facilitó la entrada a los círculos de negocios del país.

En 2004 regresó a Colombia donde fue detenido y encarcelado. Salió en libertad poco tiempo después y se instaló en Bogotá. A principios de 2011 lo detuvo la policía colombiana por petición de la española, ya que sobre él pesaba una acusación de haber lavado dinero en España, y se solicitó su extradición.

El imperio levantado por los Rodríguez Orejuela incluía todo tipo de negocios. A veces creaban empresas para lavar dinero o para sobornar a políticos, jueces o policías, pero también invertían en negocios legítimos que ponían a nombre de familiares y testaferros. Tenían una gran cadena de droguerías y farmacias: Drogas La Rebaja, con más de 250 tiendas y una cadena de 28 emisoras de radio, Grupo Radial Colombiano. Incluso compraron el laboratorio que fabricaba Alka Seltzer en Colombia. Poseían dos urbanizaciones exclusivas, un centro comercial, equipos de futbol, empresas de informática y docenas de discotecas, restaurantes y bares en Cali.

Para disponer de pistolas y soldados legales montaron empresas de seguridad que tenían permiso del gobierno para portar armas. Unos 250 hombres y 150 armas legales vigilaban las propiedades y empresas de los Rodríguez Orejuela. Más de tres mil personas trabajaban para el cártel.

Los crímenes de los Orejuela no se limitaron a la cocaína. Cuando eran propietarios de los Laboratorios Kressfor vendieron antibióticos infantiles falsos fabricados con productos caducos o simplemente con un placebo.

Mientras Pablo Escobar y sus socios de Medellín se dedicaban a luchar contra el gobierno, los Rodríguez Orejuela crecían y crecían. El cártel de Cali llego a controlar el 80 % de la cocaína que se exportaba de Colombia, el 70 % del mercado estadounidense y el 90 % del europeo. Se calcula que entre 1975 y 1995 los caleños movieron más de 200 toneladas de cocaína que les reportaron varios miles de millones de dólares. Una gran parte de este capital nunca fue encontrado y se supone que permanece escondido en bancos suizos y otros paraísos fiscales.

Tras la caída del cártel de Medellín, los de Cali se encontraron en una situación inmejorable para aumentar su cuota de mercado. Para evitar el acoso policial, trasladaron los laboratorios fuera de Colombia, generalmente a Perú y Bolivia. Diversificaron el negocio y empezaron a transportar mucha heroína colombiana. A mediados de los noventa llegaron a controlar el 90 % de la cocaína que se consumía en el mundo. Cuando la fiebre de la cocaína aflojó en Estados Unidos y la demanda bajó, aumentaron sus exportaciones a Europa y Asia.

De cada cinco gramos de cocaína que se vendieron en Nueva York en 1991, cuatro eran del cártel de Cali. La venta de cocaína en grandes cantidades, cuando se cobra en billetes de baja denominación, presenta sus propios problemas logísticos. Cada mes, sólo en Nueva York, la organización recaudaba entre 500 y 1 500 kilos de billetes de cinco, diez y veinte dólares. No en vano el jefe de la DEA, Thomas Constantine calificó al cártel de Cali como: "El mayor y más poderoso sindicato del crimen que nunca hemos conocido".

Gilberto y Miguel eran propietarios del Club América de Cali y tenían la ficha de unos 150 jugadores de futbol. Miguel Rodríguez Orejuela intento fichar a Diego Armando Maradona y aunque no lo consiguió mantuvo una larga amistad con el astro argentino. Al futbolista Cabañas le regalaron un departamento por un gol que metió en la final de un campeonato.

En el mundial de 1978 en Argentina, el equipo anfitrión tenía que jugar contra Perú y necesitaba ganar por cuatro goles de diferencia para pasar a la final. El almirante Carlos Lacoste, nombrado por la Junta Militar del dictador Jorge Videla para organizar el mundial, decidió sobornar a la selección de Perú para asegurar los goles. Gilberto Rodríguez Orejuela lo puso en contacto con el presidente de la Federación Peruana de Futbol y se acordó la cantidad. Perú perdió contra Argentina seis a cero. En la final, Argentina venció a los Países Bajos logrando su primer campeonato del mundo. Dos semanas después el gobierno argentino otorgó a Perú un crédito no reembolsable para comprar 4 000 toneladas de trigo. El general Videla estaba satisfecho y le facilitó al cártel de Cali su implantación en

Argentina. Algunos de los jugadores peruanos de aquella selección acabaron jugando en equipos de Colombia, exiliados de su país donde los llamaban vendidos.

En 1981 el grupo guerrillero M-19 secuestró a Marta Nieves Ochoa, hermana de Jorge, Fabio y Juan David Ochoa, tres de los líderes del cártel de Medellín. Los cárteles de Cali y Medellín formaron el grupo MAS (Muerte a Secuestradores) para combatirlos. El MAS secuestró y torturó a muchos guerrilleros hasta que liberaron a Marta. En 1992 las FARC secuestraron a Cristina Santacruz, hija de don Chepe. El MAS contraatacó y secuestró a más de veinte guerrilleros y simpatizantes, y amenazó con matarlos. Poco después Cristina fue liberada.

Después de su colaboración en el MAS, los cárteles de Cali y Medellín comenzaron a trabajar juntos para estabilizar precios, producción y transporte. Se dividieron Estados Unidos: Nueva York para los de Cali y Florida y Miami para Medellín.

En abril de 1984 un sicario del cártel de Medellín asesinó de siete balazos a Rodrigo Lara Bonilla, ministro colombiano de justicia quien, ocho meses atrás, había acusado públicamente a Pablo Escobar de ser narcotraficante. Este asesinato fue la venganza de Escobar por la incautación, tres semanas antes, de Tranquilandia, el mayor laboratorio del cártel de Medellín.

Ante el desafío de los narcos, el presidente Belisario Betancur promulgó una ley ratificando el Tratado de Extradición con Estados Unidos y declaró la guerra a los cárteles. Muchos grandes capos huyeron del país, Escobar se instaló en Panamá y el Ajedrecista decidió irse a España.

En 1985 se efectuaron las primeras extradiciones y los capos se pusieron muy nerviosos. Si algo temían era ir a una prisión en Estados Unidos. La violencia contra el gobierno se desató y comenzaron los atentados y los asesinatos. Guerrilleros pagados por Escobar tomaron el Palacio de Justicia, mataron a 11 de los 24 jueces de la Corte Suprema y destruyeron los expedientes de los narcotraficantes. Al año siguiente la Corte Suprema y la Corte Constitucional invalidaron la extradición. El gobierno no cejó y siguió luchando para atraparlos.

En 1986 el grupo de narcos que se autodenominaban los Extraditables prometieron suspender la violencia si eran amnistiados. Su lema era: "Más vale una tumba en Colombia que una cárcel en Estados Unidos". Ante la negativa del gobierno el terrorismo se incrementó durante 1987. Pablo Escobar cada vez era más violento y estaba obligando al gobierno a combatir el narcotráfico con todas sus armas. Para tranquilidad de los Rodríguez Orejuela, Escobar prácticamente acaparó la atención de la policía, el ejército y la DEA durante los próximos años.

En noviembre de 1984 la Guardia Civil detuvo en España a Gilberto Rodríguez Orejuela junto con Jorge Luis Ochoa, un socio de Pablo Escobar que también había llegado a Europa huyendo del acoso del gobierno colombiano. Aprovecharon su estancia en España para expandir sus negocios y establecer sistemas de lavado de dinero en varios países europeos.

Enseguida Estados Unidos pidió a España la extradición de ambos, y lo mismo hizo el gobierno colombiano. En primera instancia se decidió aceptar la petición estadounidense, pero la decisión fue apelada y se concedió la extradición a Colombia. En 1986 Gilberto fue entregado a las autoridades colombianas que lo procesaron de inmediato por tráfico de drogas. Dos años después fue absuelto y salió en libertad, pero en 1991 el Tribunal Supremo anuló la sentencia y ordenó repetir el proceso, aunque al final no prosperó porque los delitos habían prescrito. Hay quienes afirman que Gilberto pagó veinte millones de dólares en sobornos para lograr ser extraditado a Colombia.

Durante años las organizaciones de Pablo Escobar y los Rodríguez Orejuela mantuvieron relaciones comerciales, pero a partir de 1987 las relaciones se agriaron. Los caleños acusaban a los paisas de entrometerse en sus mercados en Estados Unidos. Se enfrentaron en una guerra sin cuartel que no terminó hasta que los dirigentes de ambas organizaciones acabaron muertos o encarcelados.

La guerra subió de tono en enero de 1988 cuando los de Cali pusieron un coche bomba frente al edificio Mónaco de Medellín, donde vivía la familia de Pablo Escobar. La hija del capo resultó herida y Escobar clamó venganza. Los de Medellín atentaron repetidamente contra la cadena de más de 250 farmacias y droguerías Drogas La Rebaja, propiedad de los caleños.

El cártel de Cali financió al grupo ilegal los Pepes (Perseguidos por Pablo Escobar) que asesinó a numerosos miembros del cártel de Medellín y se dedicó a dar caza al Patrón. Ofrecían información al Bloque de Búsqueda de la policía que el gobierno había creado para el mismo fin. Los Pepes mataron a más de sesenta personas relacionadas con el cártel de Medellín.

Cuando murió Escobar en diciembre de 1993 el gobierno centró su atención en los capos de Cali. Los Rodríguez Orejuela intentaron un acercamiento al gobierno con la intención de entregarse, aunque las negociaciones no llegaron a buen puerto porque los capos exigían muchas garantías, ya que temían ser asesinados en prisión.

El verano de 1995 fue uno de los peores para los caleños. En junio el Bloque de Búsqueda de la Policía detuvo a Gilberto en un apartamento de Cali. La policía lo encontró escondido en un armario. En julio fue apresado José Santacruz Londoño y en agosto Miguel Rodríguez Orejuela. Tras estas detenciones el presidente de Colombia, Ernesto Samper, afirmó: "El cártel de Cali ha muerto". En enero de 1996 Chepe Santacruz se fugó de la cárcel de La Picota, pero en marzo del mismo año murió en un enfrentamiento con la policía.

Gilberto fue condenado a quince años de prisión, pero al final sólo cumplió siete por buena conducta. Desde la cárcel seguían dirigiendo el negocio y les iba muy bien, incluso algunas fuentes aseguran que en 1996 ganaban unos 7 000 millones de dólares al año. El cártel distribuía cocaína por los cinco continentes.

Gracias a la sospechosa intervención de un juez que los liberó con un argumento poco claro el Ajedrecista y el Señor salieron a la calle en 2002. No les duró mucho la libertad porque cuatro meses después la policía los capturó de nuevo. Gilberto fue extraditado a Estados Unidos en 2004 y Miguel al año siguiente.

En el proceso contra los capos, la DEA contó con el testimonio del hijo mayor de Miguel, William Rodríguez Abadía, a quien también acusaban de narcotráfico. William testificó en contra de su padre y su tío a cambio de una reducción de pena y de que se le concediera a su familia la residencia en Estados Unidos. Fue condenado a veinte años de prisión pero salió en libertad en 2010, tras cumplir sólo cinco años.

En 2006 ambos fueron condenados a treinta años de prisión por importar doscientas toneladas de cocaína. Parece que los Rodríguez Orejuela se declararon culpables a cambio de que la fiscalía no procesara a cerca de treinta de sus familiares. También prometieron entregar propiedades por valor de 2 100 millones de dólares.

Actualmente ambos hermanos viven recluidos en prisiones americanas de máxima seguridad: Miguel en Kentucky y Gilberto en Pennsylvania. En una de sus últimas declaraciones Gilberto afirmó: "Ya llegó el momento en que nada tengo que perder; lo único que me importa es que no se metan con mi familia, ésa es mi primera y única lealtad" Los Caballeros de Cali saben que si hablan pondrían en peligro de muerte a sus familias, de modo que su única opción es el silencio.

Miguel Ángel Félix Gallardo: El Padrino

Miguel Ángel Félix Gallardo fue el primer gran jefe de jefes del narcotráfico mexicano. Se asoció con los cárteles colombianos de Medellín y Cali, fundó el cártel de Guadalajara y durante una década dominó el tráfico de drogas entre México y Estados Unidos. Tras su detención, la lucha por el poder entre los distintos jefes desencadenó una guerra que ha cobrado más de 30 000 muertos y aún hoy continúa.

Miguel Ángel Félix Gallardo nació el 8 de enero de 1946 en Bellavista, Culiacán, un pueblo del estado de Sinaloa. Con diecisiete años ya era policía judicial y comenzó a trabajar como escolta familiar del entonces Gobernador de Sinaloa, Leopoldo Sánchez Célis quien fue su padrino de bodas y su protector político durante toda su vida. A finales de los sesenta, de la mano de Eduardo Lalo Fernández, un conocido traficante de heroína, se metió en el negocio y comenzó a pasar opio y marihuana a Estados Unidos. En pocos años hizo mucho dinero y a mediados de los setenta ya era uno de los más grandes capos del país.

Funda el primer cártel de Guadalajara junto con Rafael Caro Quintero, el Narco de Narcos y Ernesto Fonseca Carrillo, don Neto. En aquella época aún no había cárteles en México y enseguida dominó el país. Empezó a pagar sobornos y a comprar protección de políticos, jueces, policías y militares. Félix Gallardo se convirtió en un auténtico jefe de jefes. El Padrino controlaba todo el tráfico de drogas en México y la frontera con Estados Unidos. A lo largo de los años se acumularon hasta catorce órdenes de detención contra él, pero nunca se hizo nada. Sus sobornos le garantizaban inmunidad y protección. En 1977 fue acusado de estar detrás de un cargamento de 100 kilos de cocaína y 10 de heroína, pero no fue detenido por ello.

Vivía como un respetable hombre de negocios, accionista y consejero del Banco Somex. Era amigo del gobernador de Sinaloa, Leopoldo Sánchez Célis, y padrino de boda de su hijo Rodolfo. Años después, Rodolfo fue asesinado cuando iba a visitarlo a la cárcel. El Padrino consiguió crear el mayor cártel de la historia de México y mantenerlo unido y funcionando durante una década. Un sistema basado en la corrupción de las autoridades a todos los niveles le permitía actuar a su antojo.

Desde principios de los setenta, la ruta preferida por los cárteles colombianos para mandar la cocaína a Estados Unidos era a través del Caribe, hasta las costas y cayos de Florida. Cuando la policía americana empezó a controlar demasiado esta zona, a comienzos de los años ochenta, los narcos decidieron diversificar las rutas de entrada y se fijaron en México. Los contrabandistas mexicanos llevaban décadas introduciendo opio y marihuana a Estados Unidos, y los colombianos decidieron usar sus servicios.

El contacto entre la organización de Félix Gallardo y el cártel de Medellín de Pablo Escobar se produjo a través de Juan Ramón Matta-Ballesteros, un hondureño que había ayudado a los de Medellín a perpetrar un golpe de estado en Honduras y colocar como presidente marioneta a Policarpo Paz García. Este militar, a cambio de un porcentaje de los beneficios, les brindó protección y permitió convertir al pequeño país centroamericano en uno de los mayores centros de envío de cocaína a Estados Unidos.

Félix Gallardo era un gran contrabandista y enseguida dominó el negocio del trasporte de cocaína. Para pasar a Estados Unidos utilizó las mismas rutas que había creado para el opio y la marihuana. Al principio, los mexicanos cobraban en dólares, pero poco tiempo después empezaron a recibir un porcentaje de la cocaína de cada cargamento, generalmente entre el 30 % y el 50 %. Para vender esta ingente cantidad de cocaína, el Padrino creó sus propias redes de distribución en Estados Unidos. El contrabandista se volvió también distribuidor y sus beneficios se dispararon. Miguel Ángel Félix Gallardo se convirtió en el auténtico Padrino del narcotráfico mexicano.

Rancho Búfalo era una enorme plantación de más de 1 000 hectáreas dedicadas al cultivo de marihuana en el estado de Chihuahua. Empleaba a miles de jornaleros que se ocupaban del cultivo, secado y empacado de las plantas antes de ser enviadas a Estados Unidos. Lógicamente una operación de ese tamaño era un secreto a voces en la zona, pero gracias a los sobornos las autoridades protegían el rancho y los militares patrullaban la zona. Sin embargo, en noviembre de 1984 más de 450 soldados asaltaron la finca y desmantelaron la plantación. Rancho Búfalo era un gran negocio que producía la friolera de ocho mil millones de dólares anuales y los capos se pusieron furiosos por perderlo. Sospecharon que la policía había recibido un chivatazo y mandaron buscar al soplón. En poco tiempo descubrieron que la información la había pasado Enrique Kike Camarena, un agente de la DEA que se había infiltrado en la organización de Félix Gallardo sin que nadie sospechara de él.

Camarena había trabajado previamente como infiltrado en distintas bandas y siempre había conseguido salir indemne y evitar que su fotografía apareciera en la prensa. Esta vez, sin embargo, no tendría tanta suerte. En febrero de 1985 el Padrino mandó capturar al soplón. Un grupo de policías corruptos a sueldo del capo secuestraron a Camarena a plena luz del día. Fue asesinado en una casa de Guadalajara en presencia de varios altos oficiales mexicanos. Un mes más tarde apareció su cadáver con signos evidentes de tortura.

La DEA clamó pidiendo venganza y respondió desencadenando la Operación Leyenda para detener a los asesinos: la mayor investigación por homicidio en la historia de la agencia antidroga. Los americanos ejercieron fuertes presiones sobre el gobierno mexicano e incluso filtraron a los medios de comunicación gran cantidad de datos que obtuvieron a lo largo de los años que probaban las relaciones entre los grandes narcotraficantes y la Policía Judicial Federal y la Dirección Federal de Seguridad. Estas revelaciones calentaron el ambiente político del país y urgieron al presidente mexicano Miguel de la Madrid a hacer algo. En abril de 1985 Rafael Caro Quintero fue detenido en Costa Rica y pocos días después le sucedió lo mismo a Ernesto Fonseca don Neto en Jalisco. Félix Gallardo se salvó gracias a la protección política de la que gozaba y decidió mantener un perfil bajo para no llamar la atención. En 1992, Rubén Zuno Arce, un cuñado del expresidente mexicano Luis Echeverría implicado en el narcotráfico, fue detenido y condenado a cadena perpetua como autor intelectual del crimen. Tiempo después los testigos que lo acusaron confesaron haber recibido dinero por incriminarlo.

Muchos de los grandes narcos actuales trabajaron en su momento para la organización de Félix Gallardo. Joaquín el Chapo Guzmán, seguramente el mayor capo mexicano hoy en día, fue contratado por el Padrino a principios de los ochenta. El Chapo se encargaba de coordinar la logística de las operaciones, organizaba aviones, barcos y camiones para transportar la cocaína.

Héctor Luis Palma Salazar, el Güero Palma (socio actual del Chapo) entró a trabajar como sicario para el Padrino. Más adelante, ya con mayor poder dentro del cártel y con mucha más ambición, empezó a hacer negocios por su cuenta y perdió un cargamento que custodiaba. El Padrino, furioso por su traición, le preparó una trampa. Logró que el colombiano Rafael Clavel Moreno, novio de la hermana del Güero, sedujera a Guadalupe, la mujer de Palma y la convenciera de sacar dos millones de dólares del banco para fugarse a Venezuela. Una vez que llegaron a Caracas, el amante resultó ser un sicario que decapitó a Guadalupe y envió su cabeza al Güero. Los hijos del matrimonio, Nataly y Héctor, no corrieron mejor suerte, fueron arrojados al vacío desde un puente y el video del crimen, enviado a su padre.

Este crimen comenzó una guerra entre ambos capos. El Chapo y el Güero Palma tomaron el control del cártel en Sinaloa. Palma, destrozado por la pérdida de su familia, buscó vengarse. Entre 1990 y 1995 murieron unas 120 personas, la mayoría eran abogados, familiares y allegados a Miguel Ángel Félix Gallardo. En un macabro ojo por ojo, Palma le envió al Padrino las cabezas de varios familiares asesinados.

El Padrino fue detenido en abril de 1989 tras ser traicionado por Guillermo González Calderoni, un comandante de la policía judicial federal que tenía a sueldo. Fue acusado de tráfico de drogas y varios crímenes violentos, entre ellos el secuestro, tortura y asesinato de Enrique Camarena. Le dieron 40 años por el asesinato del agente de la DEA y, en otra causa contra él en 2000, fue sentenciado a una segunda pena de 40 años por narcotráfico y soborno.

Al principio, siguió dirigiendo el negocio desde la cárcel a través de teléfono móvil hasta que en los noventa fue trasladado al penal de máxima seguridad del Altiplano, donde actualmente cumple condena. Desde que está preso ha escrito varias cartas quejándose de su situación, del trato que reciben los presos en el penal y de la falta de atención médica. Quien una vez fuera todopoderoso en México es hoy un anciano casi sordo y con graves problemas de salud.

Tras ser detenido y ante la dificultad de manejar la organización desde la cárcel, pensó reorganizar el cártel para dificultar la acción de la justicia. Envió a Juan José Esparragoza el Azul a que reuniera a todos los grandes jefes del país en Acapulco y distribuyera las zonas de influencia de cada uno a lo largo de los estados cercanos a la frontera. Las instrucciones fueron muy claras: "Nada de pleitos, un territorio para cada quien, respétenlo, ayúdense, pónganse de acuerdo". Con este sistema, el Padrino supervisaba todo el negocio y seguía ganando algo de dinero, pero sin entrar en los detalles de cada operación: una posición mucho más segura frente a la policía.

El reparto de las plazas quedó de la siguiente manera: Tecate para el Chapo Guzmán; Ciudad Juárez para Rafael Aguilar Guajardo, al que luego sucedería Amado Carrillo, el Señor de los Cielos; San Luis Rio Colorado para el Güero Palma; Nogales y Hermosillo para Emilio Quintero Payán; Tijuana para Jesús Labra don Chuy quien pasaría el control a los Arellano Félix; Sinaloa para el Mayo Zambada y Baltasar Díaz Vega el Balta; Mexicali para Rafael Chao.

No se podía imaginar el Padrino la guerra que esta repartición iba a traer. Los Arellano Félix pretendían que el Mayo les pagara por atravesar su territorio y como éste se negó lo intentaron matar. Zambada se libró de morir y logró aliarse con el Chapo Guzmán contra los Arellano Félix. Así comenzó la guerra entre el cártel de Tijuana y el de Sinaloa que al día de hoy todavía continúa y ha causado miles de muertos.

Amado Carrillo Fuentes: El Señor de los Cielos

El mexicano Amado Carrillo Fuentes fue el rey del Oro Blanco en la década de los noventa. A lo largo de su vida pasó más cocaína a Estados Unidos que ningún otro narcotraficante. Lo llamaban el Señor de los Cielos porque poseía una flota de aviones Boeing 727 para transportar la droga. Ganó más de 25 000 millones de dólares. Murió a los 40 años.

Amado Carrillo Fuentes nació en 1956 en Guamuchilito, un pequeño pueblo de la comunidad de Navolato, Sinaloa. Comenzó en el negocio del narcotráfico pesando bolsas de marihuana para su tío Ernesto Fonseca Carrillo, don Neto, líder del cártel de Guadalajara junto con Rafael Caro Quintero y Miguel Ángel Félix Gallardo. Más adelante su tío lo envió a Ojinaga, Chihuahua, para vigilar los envíos de cocaína a las órdenes de Pablo Acosta Villareal conocido como el Zorro de Ojinaga, el Zar o el Pablote, quien le enseñó todos los secretos para pasar la frontera. Acosta había comenzado con la marihuana pero enseguida incorporó la coca a su negocio.

En cuanto aprendió el negocio, Amado traicionó al Pablote delatándolo para que fuera asesinado por la policía y así quedarse con el negocio. Corría 1987 y hacía dos años que habían caído su tío don Neto y Rafael Caro Quintero. En 1989 fue detenido Miguel Ángel Félix Gallardo y Amado Carrillo vio el camino libre. Tenía buenas relaciones con los colombianos y conocía el tráfico de punta a punta del país; estaba preparado y era su momento de tomar el poder. Trasladó su centro de operaciones a Ciudad Juárez y empezó a mandar. A partir de 1993 se convirtió en el máximo jefe. Carrillo tenía la capacidad de llegar a acuerdos con otros narcos en lugar de pelear. Llegó un momento en que era capaz de pasar cocaína a lo largo de toda la frontera mexicana.

Durante la década de los ochenta Pablo Escobar y su cártel de Medellín dominaron el negocio de la cocaína. A partir de la muerte de Escobar en 1993, el cártel de Cali se convirtió en el principal proveedor de cocaína colombiana y los cárteles mexicanos se asociaron con ellos. En 1995 la detención de los hermanos Rodríguez Orejuela descabezó al cártel de Cali y se acabó su hegemonía. La debilidad de los colombianos fortaleció la posición de los mexicanos que pasaron de empleados a socios y luego a dueños de los colombianos, pues se quedaban con la mayor tajada del negocio.

En aquellos años había cuatro grandes cárteles del narcotráfico: el del Golfo, el de Tijuana, el de Sinaloa y el de Juárez que era el más fuerte y el que controlaba Amado Carrillo.

Fue un capo discreto que evito salir en las noticias y presionó a los periodistas para que no se atrevieran a escribir sobre él. Muy poca gente conocía su cara, la policía no tenía más que una vieja fotografía de él y ni siquiera sabía su edad exacta. Ingresaba cerca de 200 millones de dólares semanales de beneficio y utilizaba el 10 % para sobornar a todo el que podía molestarlo. Siguió la máxima de Pablo Escobar: "¿plata o plomo?". Los que no accedían a cobrar eran ejecutados. Como el mayor traficante del mundo, el Señor de los Cielos introdujo a Estados Unidos cuatro veces más cocaína que ningún otro narcotraficante. Decían que se volvía loco por las mujeres, el alcohol y la cocaína. Cuando estaba borracho era extremadamente violento y así ejecutó a muchas personas. En noviembre de 1993 sobrevivió a un atentado de sicarios del cártel de Tijuana mientras comía en un restaurante del DF.

En una ocasión la DEA encontró un escondite donde guardaban cocaína, y Amado, en el intento de averiguar quién había sido el soplón, torturó y mató a seis de sus hombres quienes eran inocentes. Cuando Pablo Acosta, que en ese entonces era su jefe, se lo recriminó, Amado dijo: "Más vale que mueran seis inocentes que un culpable quede sin castigo".

El poderío económico del Señor de los Cielos era inmenso y su familia gastaba sin miramientos. Cuentan que su esposa, Marcela, entró una vez a una zapatería de Querétaro y pidió que le enseñaran todos los zapatos del número seis, se llevó 60 pares. Tiempo después de que abandonó la ciudad la zapatería quebró, pues se había especializado exclusivamente en zapatos del número seis.

Alejandro Bernal, uno de sus lugartenientes, dijo más adelante sobre él: "Carrillo era un monstruo, ese hijoputa era el presidente del país, el que mandaba en México, impresionante. Un hombre como el compadre no vuelve a salir allá", recordó Bernal. "Por su casa desfilaba todo México y la DEA. DEA que entra a México recibe plata. En México es un compromiso: o recibe o se sale de aquí, y el comandante es quien se encarga de arreglarlo y tiene que recibir. El gobierno sabe, el FBI sabe, todo eso se sabe".

En una ocasión la policía capturó uno de los aviones 727 de Carrillo, sin asientos y lleno con 10 toneladas de cocaína. El avión se quemó públicamente, pero la carga ya no estaba en su interior. Policías federales pagados por Carrillo habían sustituido la cocaína por madera y devuelto la droga al Señor de los Cielos.

Amado Carrillo Fuentes tenía al ejército, la policía y el gobierno a sueldo y, en México, hacía y deshacía a su antojo. Hasta el principal responsable de la lucha contra el narcotráfico en México, el general Jesús Gutiérrez Rebollo, hombre apoyado por el Pentágono, recibía un sueldo del Señor de los Cielos. Cuando se descubrió el pastel y cayó el general, la DEA se concentró en Carrillo y le exigió resultados al gobierno mexicano. Amado Carrillo intentó huir.

Se sabe que en los meses previos a su muerte viajó a Rusia, Cuba y Chile, supuestamente para preparar su fuga y su retiro del narcotráfico. En Cuba tenía otra mujer y la visitaba habitualmente ya que el gobierno de Fidel Castro le permitía residir sin hacer preguntas, siempre y cuando contribuyera generosamente con varios millones de dólares. De hecho, en 1996 intentó operarse en Cuba, aunque no se sabe por qué razón no pudo hacerlo y tuvo que ir a una clínica mexicana.

El Señor de los Cielos murió en julio de 1997 tras una operación de cirugía estética para cambiar su aspecto, con esto intentaba huir de la persecución a la que lo sometían la policía de México y de Estados Unidos, después de que la DEA lo considerara el más poderoso de los narcotraficantes mexicanos. Al día de hoy no está completamente claro que pasó en el Hospital Santa Mónica de la Ciudad de México, donde Carrillo ingresó como Antonio Flores Montes y donde supuestamente perdió la vida. No son pocos los que opinan que fingió su muerte y actualmente vive en algún lugar cálido y discreto disfrutando de su fortuna.

La causa de su supuesta muerte sigue sin aclararse por completo y es probable que no se aclare. Algunos afirman que Carrillo murió por complicaciones derivadas de la operación, otros que por una sobredosis, accidental o intencionada, del medicamento Dormicum que le fue administrado horas después. El cadáver, con la cara desfigurada por las operaciones, fue rápidamente identificado por la DEA gracias a que sus huellas dactilares estaban en un viejo formulario de inmigración.

Se dice que el Señor de los Cielos hizo un pacto con la DEA y se acogió al programa de protección de testigos. La DEA organizó su falsa muerte y sustituyó su cadáver por el de un agente físicamente muy parecido a Carrillo.

En noviembre de 1997 la policía federal mexicana acusó a los médicos que operaron a Carrillo de haberle inyectado una sobredosis de Dormicum para causarle la muerte, situación que estos negaron, aunque no por mucho tiempo ya que tres de ellos desaparecieron poco después y fueron encontrados muertos dentro de tambos llenos de cemento. Los cuerpos tenían marcas de que habían sido salvajemente torturados antes de ser asesinados.

Ramón Pedro López Saucedo, también conocido como Pedro Rincón, fue uno los cirujanos que lo operó y que no fue asesinado. Al parecer, poco después de la muerte de Carrillo, este médico estuvo en Estados Unidos acogido al programa de protección de testigos tras dar información sobre el cártel de Juárez. Otras informaciones lo sitúan en España donde trabajó como cirujano plástico en Madrid.

Cuando Amado Carrillo murió, el cártel de Juárez quedo en manos de un consejo formado por sus hermanos Rodolfo y Vicente Carrillo, Ismael el Mayo Zambada y Joaquín Guzmán Loera, el Chapo Guzmán.

Una anécdota que refleja la forma de pensar de algunos narcotraficantes sucedió en el funeral de Carrillo. La historia empieza dos años antes cuando el colombiano Castor Alberto Ochoa-Soto, alto cargo del cártel de Medellín y tío de Fabio Ochoa y sus hermanos, los máximos dirigentes, formaba parte de una operación para introducir 28 toneladas de cocaína a Estados Unidos. La primera remesa de seis toneladas no consiguió coronar y Castor fue detenido en Estados Unidos, pero lo declararon no culpable y decidió volver a Ciudad Juárez donde tenía escondidas las otras 22 toneladas. Amado Carrillo, que sabía dónde estaba la cocaína almacenada, nunca pensó que el colombiano fuera a salir en libertad, así que decidió quedarse con la mercancía. Cuando Castor Alberto llegó a México fue secuestrado y asesinado por policías federales a sueldo de Carrillo. Amado Carrillo negó ante el cártel de Medellín tener algo que ver y dijo que Ochoa-Soto había huido con la droga. Los Ochoa dijeron que pasaban página y no se vengarían, pero al funeral del Señor de los Cielos llegó una corona de rosas negras de parte de los Ochoa con la siguiente nota: "Todo lo bueno llega a los que saben esperar: saludos de la familia Ochoa, Colombia".

El funeral del Señor de los Cielos fue muy sonado y muchos asistieron para despedirlo. Los cantantes de narcocorridos no tardaron en dedicarle numerosos temas y algunos corridos muestran las dudas que aún quedan. No son pocos los que cantan que fingió su muerte para escapar. La figura de el Señor de los Cielos ha trascendido y forma parte del imaginario mexicano.

Los hermanos Arellano Félix: El Min y el Mon

Los hermanos Arellano Félix se apoderaron del control del cártel de Tijuana a finales de los ochenta y lo convirtieron en la organización criminal más poderosa de México. Hoy, más de treinta años y miles de muertos después, con la mayoría de los hermanos muertos o en prisión, la familia sigue pasando drogas a Estados Unidos y luchando con otros cárteles por conservar su territorio.

Los Arellano Félix son originarios de Culiacán en el estado de Sinaloa, en la costa del Pacífico de México. Benjamín Arellano Sánchez y Alicia Félix fueron un matrimonio prolífico, tuvieron once hijos, siete varones (Francisco Rafael, Benjamín, Carlos Alberto, Eduardo, Ramón, Luis Fernando y Francisco Javier) y cuatro mujeres (Enedina, Alicia María, Karely y Norma Isabel). Hay quienes dicen que Benjamín, el padre, era un pequeño empresario y, otros, que era un contrabandista de licor. Al empezar la universidad algunos de los hermanos se trasladaron a Monterrey donde, además de estudiar, se dedicaban al contrabando. Compraban tabaco, camisas y vino en Nogales, Arizona y los introducían a México clandestinamente.

En Culiacán, Benjamín Arellano Félix el Min, el más brillante de los hermanos, conoció a Javier Caro Payán, quien se encargaba de la plaza de Tijuana como lugarteniente de Miguel Ángel Félix Gallardo el Padrino, zar de la cocaína, jefe del cártel de Guadalajara y primer gran capo del narcotráfico mexicano, amo indiscutible del negocio durante la década de los ochenta. Hicieron amistad y el Min se trasladó a Tijuana como secretario del Doctor Caro. Tras él fueron llegando a la ciudad el resto de los hermanos. Jesús don Chuy Labra era el principal operador de Caro Payán en Tijuana y con él comenzaron a trabajar los Arellano.

Cuando en 1989 detuvieron a Félix Gallardo por el asesinato del agente de la DEA Enrique Camarena, se produjo un vacío de poder, y Juan José Esparragoza el Azul, uno de los narcos más expertos y respetados, convocó una reunión de jefes para repartir el territorio: una ciudad para cada capo. Tijuana le correspondía a Caro Payán pero, como había sido detenido en Canadá, fue a parar a manos de don Chuy y los Arellano Félix, quienes defendieron la plaza y ampliaron el territorio a sangre y fuego.

Cuentan que cuando el Doctor Caro salió de prisión y regresó a Tijuana para reclamar su territorio, Benjamín le dijo que ya eran otros tiempos y que no se metiera en problemas, que se retirase a Guadalajara a vivir tranquilo. Ramón, como siempre más violento, no estuvo de acuerdo y para evitar que quisiera vengarse decidió matarlo. En 1995 lo ametrallaron frente a su esposa.

En Tijuana los hermanos entraron en contacto e hicieron amistad con las familias más ricas de la ciudad. Benjamín y Ramón el Mon reclutaron a sus primeros colaboradores de entre los hijos de estas familias, muchachos acomodados que se dedicaban al narcotráfico más por la fama que por la lana, y que serían conocidos como los narco *juniors.*

Benjamín y Ramón crearon una organización perfectamente estructurada con un consejo de jefes para tomar las decisiones y pusieron a los narco *juniors* como brazo ejecutor. Benjamín era el cerebro, Ramón el sanguinario y don Chuy lograba el equilibrio entre ambos.

En el consejo, además de ellos tres, se sentaban Ismael Higuera el Mayel, Manuel Aguirre Galindo el Caballo, Gustavo Rivera Macías el P1 y algunos capos más. Entre los *juniors*, unos transportaban la droga, otros hacían labores de vigilancia y un tercer grupo se ocupaba de los ajustes de cuentas.

Chuy Labra era uno de los lavadores más efectivos del cártel. Además diseñó un sistema de compra de protección como nunca antes se había visto: sobornó a policías, jueces y políticos. El cártel gastaba millones de dólares semanales en "mordidas" a cambio de inmunidad. Los policías llegaban a robar los cargamentos de droga de los otros cárteles para entregárselos a los Arellano.

Durante años, casi toda la marihuana que introducía clandestinamente en Estados Unidos provenía de la red de los Arellano, así como buena parte de la cocaína y de las metanfetaminas. Su poder e impunidad eran legendarios. Sólo en Tijuana había más de 4 000 "tienditas" dedicadas a la venta ilegal de drogas y 700 "picaderos" donde consumirla. Benjamín y Ramón se movían libremente por Tijuana y llegaban a utilizar a la policía para proteger sus cargamentos.

Los Arellano Félix dominaron el negocio durante la segunda mitad de los noventa y lograron enemistarse con el resto de los cárteles. En las últimas décadas el narcotráfico ha protagonizado dos grandes guerras en México. El estado lucha contra los narcos y los narcos luchan entre sí. En su época de esplendor los Arellano disfrutaban de la protección de una buena parte de las autoridades, por ese lado estaban bastante tranquilos. Otra cosa eran los cárteles rivales.

El cártel de Tijuana y el de Sinaloa llevan enfrentados en una sangrienta y cruel lucha que ha producido miles y miles de muertos desde hace veinte años. Con el paso del tiempo las alianzas han ido cambiando, con los cárteles de Juárez y del Golfo ya sea del lado de uno u otro dependiendo del momento. Como pasa siempre en el narcotráfico, la guerra empezó por motivos económicos y se complicó por las venganzas.

Ismael el Mayo Zambada pretendía pasar por Tijuana con su mercancía sin pagarles a los Arellano Félix derecho de paso, tal y como había hecho siempre mientras vivía allí. En un primer momento Benjamín Arellano no hizo nada, pero un día le dijo: "Ismael, ya nos debes veinte millones de dólares". El capo había llevado la cuenta y quería cobrarla. El Mayo le dijo que no tenía para pagar y el Min ordenó "tumbarlo". El intento de homicidio fracasó porque los pistoleros que iban a matarlo acabaron a tiros entre ellos y Zambada logro salvarse. Buscando venganza logró obtener el apoyo del Chapo Guzmán y empezó la guerra entre el cártel de Sinaloa y el de Tijuana, una contienda que aún continúa y que ha provocado miles de muertes. Ramón Arellano, por su parte, ofreció un millón de dólares y una tonelada de marihuana a quien matara al Mayo, pero al día de hoy sigue vivo y libre mientras que el comandante Mon lleva muerto más de una década.

En noviembre de 1992, Ramón junto con cuatro pistoleros tirotearon el coche del Chapo, pero éste consiguió escapar. Poco después, los sinaloenses llegaron con cuarenta sicarios vestidos de policías a la discoteca Christine's de Puerto Vallarta. El Tigrillo y el Mon apenas y lograron escapar gracias a que estaban en el servicio, pero en la balacera diez personas perdieron la vida.

En 1993 volvieron a intentar acabar con el Chapo en el aeropuerto de Guadalajara y por error mataron al cardenal Juan Jesús Posadas Ocampo. Fue un asesinato que conmocionó al país entero. También fallaron contra Amado Carrillo Fuentes el Señor de los Cielos, líder del cártel de Juárez, a quien dispararon mientras almorzaba en un restaurante del DF.

En diciembre de 1994 Ernesto Zedillo sucede a Carlos Salinas de Gortari en la presidencia de México. Con Zedillo, los Arellano Félix vivieron su mejor época. Curiosamente, en esos años el resto de los cárteles sufrió numerosas detenciones y decomisos de cargamentos, pero los de Tijuana permanecieron prácticamente intactos.

A mediados de los noventa se calcula que el cártel de los Arellano Félix introducía en Estados Unidos el 15 % de la cocaína que se consumía en el país. La organización desarrolló importantes ramificaciones en Estados

Unidos y controló la venta al menudeo en varios estados.

Las autoridades han descubierto algunos narcotúneles debajo de la frontera construidos por el cártel que se usan para introducir drogas a Estados Unidos y pasar dinero y armas a México.

La osadía de los Arellano los llevó a cultivar marihuana de guerrilla en remotos bosques californianos donde sembraban grandes plantaciones, de unas 60 000 plantas cada una. Jornaleros mexicanos especialmente trasladados hasta allí cuidaban los cultivos y vivían en tiendas de campaña durante toda la cosecha. Las plantaciones estaban estrictamente vigiladas por hombres armados. La DEA calcula que el cártel pudo haber llegado a sembrar cerca de un millón de plantas al año con un beneficio de cientos de millones de dólares.

Otra de las especialidades del cártel era "saltar" la frontera en avionetas que hacían vuelos muy cortos y a muy baja altura para no ser detectadas por los radares. Los expertos pilotos aterrizaban en suelo americano, descargaban la droga, cargaban armas y dinero y despegaban en cuestión de minutos.

El cártel de Tijuana estableció relaciones con las FARC, el grupo guerrillero colombiano, para obtener cocaína a cambio de armas y dinero. La droga se movía por diferentes medios: barcos de pesca, coches, avionetas, aviones comerciales, empresas de paquetería y autobuses.

Los Arellano también estaban metidos de lleno en el mercado de las drogas sintéticas de la mano de los hermanos José de Jesús, Luis y Adán Amezcua Contreras, los Reyes de las Metanfetaminas, líderes del cártel de Colima especializados en la importación de efedrina desde Europa y la India que posteriormente introducían a Estados Unidos con destino a los laboratorios de producción de metanfetaminas.

Ramón y Benjamín ya estaban en lo más alto, pero como es costumbre en este negocio les tocó caer.

La llegada del presidente Vicente Fox al gobierno de la república en diciembre de 2000 supuso el fin de la privilegiada situación que habían disfrutado los Arellano durante la presidencia de Ernesto Zedillo y que les había permitido convertirse en los mayores capos del país. Controlaban el poder judicial y sobornaban a muchas autoridades para estar protegidos por el sistema; permanecieron a salvo cuando otros cárteles sufrían detenciones, aun cuando la DEA les seguía los pasos y ofrecía una recompensa de cinco millones de dólares por información que llevara a su captura.

La suerte de los Arellano estaba a punto de cambiar con el nuevo gobierno. De repente el cártel de Sinaloa apenas sufría detenciones mientras que los colaboradores de los Arellano caían uno tras otro, justo lo contrario de lo que pasaba con el gobierno anterior. El Chapo Guzmán, líder del cártel de Sinaloa, se escapó de prisión a principios de 2001 sin hacer un sólo disparo, escondido en un carro de lavandería. Su organización en Sinaloa vivió los siguientes años en casi total impunidad. Por el contrario, el cártel de Tijuana sufrió un constante acoso policial. Los Arellano se habían convertido en el enemigo público número uno del país por sus secuestros y asesinatos, y el presidente Fox los convirtió en su principal objetivo. Don Chuy, el cerebro financiero del cártel, fue aprehendido en 2001 mientras asistía a un partido de futbol americano de su hijo Marcos Liborio. Permaneció en una prisión mexicana hasta ser extraditado a Estados Unidos en 2008. Allí fue condenado a cuarenta años de prisión.

Tras la detención de don Chuy, los Arellano se pusieron nerviosos. Comprendieron que la policía los podía atrapar si obtenían información de su propia gente y le encargaron a su jefe de sicarios, Jorge Humberto Rodríguez Bañuelos la Rana, que hiciera una operación de limpieza interna y eliminara a todos los colaboradores que no fueran de plena confianza y pudieran dar pistas sobre ellos. Aunque la Rana se tomó en serio su trabajo y masacró a un buen número de socios y sicarios, la suerte de Ramón y Benjamín ya estaba echada. En su búsqueda de protección, contrataron a los mejores abogados del país, hasta el punto de que Benjamín tuvo más de cuarenta letrados a sueldo.

A Ramón Arellano lo "bajaron" en Mazatlán, Sinaloa, en 2002, cuando se dirigía a asesinar al Mayo Zambada. Oficialmente fue un enfrentamiento con un policía, pero también se cuenta que Zambada se había enterado de sus intenciones y le tendió una trampa. Así funciona este negocio, matar o morir. Lo explicó en una entrevista un antiguo colaborador de los Arellano: "Todos han vivido porque Dios es muy grande, pero el diablo le respiró sobre la nuca a Ramón y así le pasará a todos. Para vivir, necesitan matar. Es la ley. Tarde o temprano les tocará".

Pocos meses después, Benjamín fue arrestado por el ejército. Lo encontraron gracias a que se enteraron de que su hija mayor tenía una rara deformidad en la cara que la hacía muy reconocible. Buscando a la hija hallaron al padre. Llevaba su cuerno de chivo cuando fue detenido y lo sentenciaron a cinco años por posesión ilegal de armas de fuego, sin embargo ya no salió de prisión. En 2007 fue nuevamente condenado, en este caso la sentencia fue de 22 años por narcotráfico y asociación delictuosa.

En 2011 las autoridades mexicanas aceptaron la extradición a Estados Unidos. Benjamín Arellano Félix, quien fuera el todopoderoso líder del cártel de Tijuana durante la década de los noventa, se declaró culpable de conspiración para delinquir y lavado de dinero, como parte de un acuerdo con la fiscalía pagó una multa de cien millones de dólares y a cambio fue sentenciado a una condena de 25 años de prisión. Le salió caro pero al menos evitó la pena de muerte y la cadena perpetua. Cuando termine de cumplir su pena en Estados Unidos deberá volver a una cárcel mexicana para acabar una condena de 22 años que tiene pendiente. Hoy tiene 58 años.

Sin Ramón ni Benjamín, la jefatura del cártel recayó en su hermana Enedina, la Narcomami, quien se hizo cargo del negocio de forma discreta con la ayuda de Eduardo Arellano, el Doctor. La Jefa se convirtió en la primera mujer al frente de un cártel mexicano. Al contrario que otros capos, los hermanos Arellano Félix prefirieron vivir en Estados Unidos, aunque cerca de la frontera mexicana, normalmente en California o Texas. Se han sentido más seguros en el vecino del norte, donde a los cárteles rivales les resultaría más difícil actuar. Como supervisor en México dejaron a su joven hermano Francisco Javier el Tigrillo, quien apareció como líder visible de la organización.

Eduardo, también apodado el Gualín, se ganó el respeto de sus hermanos y secuaces en 1998. En su casa estalló un calefactor y causó graves quemaduras a su esposa y a su hija. Eduardo, desafiando a la suerte, decidió llevarlas a una clínica en Chulavista, Estados Unidos, aun conociendo que la DEA lo andaba buscando. La aventura salió bien y cuando fueron a buscarlo a la clínica, el Doctor ya estaba de regreso en Tijuana.

El Mayo Zambada se había salvado por pura suerte de que Ramón lo matara, pero eso no evitó que quisiera vengarse de los Arellano Félix. Se alió con el Chapo Guzmán en la guerra contra el cártel de Tijuana que, miles de muertos después, continúa hoy en día.

La guerra entre los cárteles de Sinaloa y Tijuana sólo era una de las que se libraban en México. El cártel del Golfo, dirigido por Osiel Cárdenas, el Mata Amigos, se encontró inmerso en una violenta guerra con los cárteles de Sinaloa, Juárez, Colima y Milenio. En 1999 Cárdenas había creado el grupo los Zetas formado por una treintena de exagentes de operaciones especiales. Se llamaban Zetas por el código de la policía federal para los oficiales de alto rango, Z-1.

En 2003 en el penal de La Palma Benjamín conoce a Cárdenas quien acababa de ser detenido e iba a ser extraditado a los Estados Unidos. Pactaron una alianza entre sus organizaciones para luchar contra la Federación del Narcotráfico, formada por los cárteles de Sinaloa, Juárez y Milenio.

La crueldad y efectividad de los Zetas provocó la alianza de sus enemigos que decidieron unirse y crear la Federación y su propio grupo de combatientes, los Negros.

Para dirigirlos contrataron a Edgar Valdez Villareal, apodado la Barbie, un norteamericano que se hizo famoso por su crueldad.

La violencia en México alcanzó cuotas como nunca se habían visto antes. Las brutalidades cometidas por los Zetas, los Negros y otros grupos de narcos convirtieron la frontera norte de México en un lugar mucho más peligroso que Bagdad o Kabul.

Tras la muerte de Ramón y la detención de Benjamín, las cosas empezaron a cambiar. Aunque Enedina y Eduardo eran los auténticos jefes, el supervisor en México fue el joven Francisco Javier el Tigrillo. Con poco más de treinta años, pertenecía a otra generación que sus hermanos mayores, y sus formas fueron más descuidadas. En lugar de sicarios profesionales contrataba a muchachos sin experiencia que, a menudo, junto con la de la víctima por encargo se llevaban las vidas de varios inocentes.

En lugar de sobornar a los policías, los amenazaba y los obligaba a participar en sus negocios. Hubo venganzas y muertes continuas, traiciones. En el pasado, los narcotraficantes respetaban un código de conducta y no atacaban a las familias de sus rivales, las mujeres y los niños estaban a salvo. Sin embargo, los nuevos capos no se detenían ante nada. Las torturas salvajes y las ejecuciones más crueles estaban a la orden del día y continuamente aparecían cadáveres decapitados, carbonizados o desmembrados.

A las órdenes del Tigrillo, se ocupaban del cártel en el día a día su sobrino Fernando Sánchez Arellano el Ingeniero y Teodoro García Simental, alias el Teo o el Tres Letras, quien había sido guardaespaldas de Ramón Arellano durante años y acabó convertido en un importante capo del cártel. Con el Tigrillo, Teodoro ascendió a jefe de operaciones e inició una fructífera colaboración con el Ingeniero. En poco tiempo abrieron nuevas rutas hacia Estados Unidos, construyeron sofisticados narcotúneles bajo la frontera y aumentaron sus beneficios. Las cosas iban bien, pero para los capos eso nunca dura mucho.

En agosto de 2006 Francisco Javier Arellano Félix se encontraba pescando a bordo del yate Dock Holiday en aguas internacionales, a 25 millas de la costa mexicana de Baja California Sur, cuando aparecieron las patrulleras de la DEA y de la guardia costera de Estados Unidos. Un chivatazo les había puesto sobre la pista del paradero del joven Arellano, quien inmediatamente fue trasladado a San Diego y acusado de una larga serie de crímenes. Por consejo de sus abogados, el Tigrillo confesó sus crímenes para evitar la pena de muerte y fue condenado a cadena perpetua. El juez tras leer la sentencia le dijo: "El nombre de su familia vivirá en la infamia".

En el mundo del narcotráfico es frecuente encontrar varios miembros de la misma familia dedicados al negocio. El caso de los hermanos Arellano Félix es uno de los más llamativos, desde 1989 hasta 2006 hubo uno de ellos al mando del cártel de Tijuana. Conforme las autoridades fueron capturándolos, el control del negocio pasó a quienes estaban en libertad. Primero fueron Benjamín y Ramón, después Francisco Javier y Eduardo, y hoy en día es Enedina quien manda, apoyada por su hijo Fernando Sánchez Arellano el Ingeniero, el nuevo líder oficial.

Joaquín Guzmán Loera:
El Chapo Guzmán

Joaquín el Chapo Guzmán es el líder del cártel de Sinaloa y uno de los mayores narcotraficantes mexicanos de los últimos tiempos. Es fugitivo desde 2001, cuando escapó de una cárcel mexicana de máxima seguridad escondido en un camión de lavandería. Sigue dirigiendo el negocio desde la clandestinidad.

Joaquín Archivaldo Guzmán Loera nació el 4 de abril de 1954 en La Tuna, Badiraguato, Sinaloa, México. Es un hombre de baja estatura, 1.55, y de ahí que le llamen el Chapo (el bajito). En 1977 se casó con Alejandrina María Salazar Hernández con quien tuvo tres hijos. Su segunda esposa, Griselda López Pérez, le dio tres más.

En 1980 Guzmán trabajó como experto en logística aérea para Miguel Ángel Félix Gallardo el Padrino quien era el máximo narco del momento en México. Cuando el Padrino cayó y fue procesado en 1989, los hermanos Arellano Félix, que comandaban el cártel de Guadalajara, junto con él se trasladaron a la Baja California y formaron el cártel de Tijuana. Guzmán aprovechó la división del cártel para trasladarse a Culiacán y formar el cártel de Sinaloa, también conocido como cártel del Pacífico o Alianza de Sangre. Poco después se le unió Héctor Luis Palma Salazar el Güero Palma quien había trabajado con los Arellano Félix.

Cuando se complicó pasar la droga en aviones por las mejoras en los radares de detección, empezó a probar otras rutas. Desde sofisticados túneles bajo la frontera como los que se sabe que usó a principios de los noventa hasta esconder más de siete toneladas de cocaína en latas de chiles picantes, alijo que fue descubierto en Tecate, Baja California.

La organización de Guzmán introdujo cargamentos de toneladas de cocaína desde Colombia a Estados Unidos por medio de México, por vía marítima, terrestre y aérea. Sus contactos incluyeron productores colombianos y grandes traficantes colombianos radicados en México. Tuvo base de operaciones en Sinaloa, Sonora y Chihuahua. En Estados Unidos poseyeron grupos de distribuidores en Arizona, California, Texas, Chicago y Nueva York. Además de la cocaína colombiana, el cártel traficó también con heroína asiática y marihuana mexicana.

El Chapo fue capturado en junio de 1993 en Guatemala, procesado y sentenciado a 20 años de prisión por crímenes contra la salud pública, asociación criminal y soborno. Fue encarcelado en la prisión de máxima seguridad de La Palma desde donde fue transferido a México, a la prisión de Puente Grande en Jalisco, también de máxima seguridad. Ante la perspectiva de ser extraditado a Estado Unidos diseñó un plan de fuga utilizando sus influencias sobre casi todos en la prisión, incluido el director. Durante el tiempo que permaneció encarcelado al parecer tenía a todos los guardias en nómina y recibía un trato preferente, podía incluso organizar fiestas o introducir contrabando a la prisión. El 19 de enero de 2001, pocos días antes de ser extraditado, escapó escondido dentro de un camión de lavandería. Al parecer los guardias sobornados dejaron todas las puertas abiertas y quitaron las cintas de las cámaras de seguridad. Según la policía setenta y ocho personas estuvieron implicadas en el plan de fuga.

En noviembre de 2004 Guzmán consiguió huir cuando 300 soldados de las fuerzas especiales llegaron al bastión del cártel en Sierra Madre. Media hora antes se había escuchado su voz en un teléfono intervenido por la policía. Después de esta huida la DEA ofreció una recompensa de cinco millones de dólares por información que condujera a su captura. Cinco años después la recompensa ha seguido esperando.

En 2005 y 2006 los cárteles de la costa del Pacífico, Juárez, Sinaloa, Milenio y Guadalajara unieron esfuerzos en un mega cártel que la policía bautizó como la Federación, aunque ellos se autodenominaron el *Dream Team*. Esta asociación de cárteles fue creada para contrarrestar el poder del cártel del Golfo y agrupó al Chapo Guzmán, el Mayo Zambada, Juan José Esparragosa Moreno el Azul, los hermanos Beltrán Leyva, Armando Valencia Cornelio Nacho Coronel Villareal y Edgar Valdez Villareal la Barbie. La Federación movía más de la mitad de la droga que transitaba por México en aquellos años.

En 2007 se incautó un cargamento de ventitrés y media toneladas en el puerto de Manzanillo, Colima. Pertenecía al líder del cártel del Pacífico, Joaquín el Chapo

Guzmán Loera. La cocaína estaba valorada en cerca de 1 500 millones de dólares.

En julio de 2007 el Chapo Guzmán, el fugitivo más perseguido de todo México, se casó por tercera vez. La novia era un joven reina de belleza de 18 años, Emma Coronel Aispuro, y la boda se celebró en Canelas, Durango. Este pueblo pertenece al triángulo dorado del narcotráfico mexicano, la zona donde se juntan los estados de Sinaloa, Chihuahua y Durango. Los hombres del Chapo se apostaron en todos los caminos de la zona para garantizar la seguridad de los novios y de los pocos invitados que llegaron en avionetas.

En 2007 los hermanos Beltrán Leyva negociaron con los Zetas, nuevos líderes del cártel del Golfo, la repartición del país a espaldas de la Federación. La Federación comenzaba a desgajarse. Meses después, en 2008, fue detenido Alfredo Beltrán Leyva el Mochomo posiblemente delatado por el Chapo. Los hermanos Beltrán Leyva pidieron al Chapo y al Mayo que les ayudarán a rescatar a su hermano Alfredo de la prisión de máxima seguridad donde se encontraba. Éstos se negaron y los hermanos se sintieron traicionados.

A raíz de este incidente la Federación comenzó a separarse. Los hermanos Beltrán Leyva en su lucha contra el Chapo se han unido a los Carrillo Fuentes, que quieren vengarse por la muerte de Rodolfo Carrillo, el Niño de Oro, acaecida en 2004. Vicente Carrillo Fuentes el Viceroy, líder del cártel de Juárez, es hermano de Amado Carrillo Fuentes, el otrora todopoderoso Señor de los Cielos. Los Beltrán Leyva controlaron el grupo de sicarios los Negros. Además pactaron con los Zetas cuando éstos abandonaron el cártel del Golfo. El Chapo y el Mayo Zambada tuvieron a sueldo a los Chachos y Gente Nueva.

La guerra entre estos cárteles ha causado miles de muertos. En 2008 más de 5 600 asesinatos relacionados con el crimen organizado fueron cometidos en México. En los primeros diez meses de 2009 la cifra ya superaba los 6 000.

Algunas voces aseguran que el Chapo ha disfrutado de la protección por parte del Partido Acción Nacional (PAN) que gobernó en México desde 2000 hasta 2012, de la mano de los presidentes Vicente Fox primero y de Felipe Calderón después. A menudo se le llama el capo del panismo. En los últimos diez años las autoridades mexicanas han detenido a muchos grandes narcos, pero casi ninguno del cártel de Sinaloa, de ahí que se les haya acusado de protegerlo. Manejando casi la mitad del narcotráfico mexicano, apenas el 2 % de las detenciones corresponden a miembros del cártel de Sinaloa.

El Chapo vive en la clandestinidad, pero no muy escondido. En una ocasión el Chapo llegó a un restaurante de Nuevo Laredo con 30 de sus hombres y decomisaron los teléfonos celulares de todos los comensales para poder comer tranquilos y seguros. Acabada la comida, devolvieron los celulares y pagaron la cuenta de todos los clientes del local.

En abril de 2009 el arzobispo de Durango, Héctor González, anunció que el Chapo Guzmán "vive aquí cerca y todo el mundo lo sabe excepto las autoridades, quienes por alguna razón no parecen verlo". Días después dos agentes de la policía que investigaban en la zona donde el arzobispo situaba a Guzmán fueron encontrados asesinados con los ojos tapados y las manos atadas con cinta, ametrallados con un AK-47. Junto a los cuerpos había un mensaje: "Nunca agarrarán al Chapo, ni los curas ni el gobierno".

En marzo de 2009 la revista Forbes situaba al Chapo Guzmán como la persona 701 más rica del mundo, con una fortuna de 1 000 millones de dólares. En noviembre de 2009 estaba en el puesto 41 de las personas más poderosas del planeta, por delante del entonces presidente ruso Dmitry Medvedev, el primer ministro israelí Benjamin Netanyahu o el presidente francés Nicolas Sarkozy.

Se calcula que en los últimos años ha enviado a Estados Unidos cocaína por un valor de entre 6 000 y 19 000 millones de dólares. El gobierno estadounidense ofrece una recompensa de cinco millones de dólares por cualquier información que conduzca a su captura. El gobierno de México ofrece dos millones más.

La ola de violencia también le ha pasado factura al Chapo que ha perdido varios familiares a manos de sicarios. Su hijo de 22 años, Édgar Guzmán Beltrán, fue asesinado en 2008 en un centro comercial de Culiacán. Durante el tiroteo murieron también un tío y un primo de Édgar, Cesar Ariel Loera Guzmán. Los sicarios dispararon una bazuca y más de 500 tiros de subfusil.

No está claro quién ordenó el asesinato de Edgar Guzmán. La teoría más aceptada dice que fueron los hermanos Beltrán Leyva en represalia por la detención del Mochomo.

En la Nochevieja de 2004 su hermano Arturo, preso en el penal de La Palma, fue asesinado a tiros.

Varios de sus familiares están en prisión. En 2005 detuvieron a su hijo Iván Archivaldo Guzmán Salazar el Chapito y lo condenaron a cinco años por lavado de dinero, aunque tres años después fue absuelto por falta de pruebas. En 2008 a su hermano Miguel Ángel Guzmán Loera el Mudo le dieron una condena de 13 años por lavado de dinero y tenencia de armas militares. Sus primos Alfonso Gutiérrez Loera e Isaí Martínez Zepeda también fueron arrestados en 2008.

Sandra Ávila Beltrán:
La Reina del Pacífico

Sandra Ávila Beltrán no se podía haber dedicado a otra cosa. Nació el 11 de octubre de 1960 en Mexicali, Baja California, en una familia de contrabandistas. Su tío es el gran capo Miguel Ángel Félix Gallardo el Padrino, en prisión desde 1989. También es sobrina de Juan José Quintero Payán don Juanjo, líder del cártel de Juárez tras la muerte de Amado Carrillo Fuentes el Señor de los Cielos, quien fue extraditado a Estados Unidos. Su familia estaba emparentada por el lado materno con los Beltrán Leyva y los Beltrán Félix, dedicados al narcotráfico desde hace cuarenta años.

Amiga y amante de muchos duros del narcotráfico, Sandra se relacionaba con el capo máximo del cártel de Sinaloa, Joaquín el Chapo Guzmán, y sus dos socios más importantes, Ismael el Mayo Zambada e Ignacio Nacho Coronel Villarreal. Desde pequeña estuvo en el círculo de los hermanos Caro Quintero. Como le dijo a los policías que la detuvieron, ella desde chica convivió con "puros grandes". Cuando de niña iba a visitar a sus familiares maternos a Sinaloa, éstos ya manejaban grandes sembradíos de marihuana. La madre de Sandra llevaba droga a Estados Unidos en coches y aviones.

Se casó dos veces con dos excomandantes de la policía que acabaron dedicándose al narcotráfico. El primer marido de Sandra, José Luis Fuentes, con quien se casó en 1986 era un comandante corrupto de la policía judicial y murió apuñalado en 1987, cuando ella tenía 27 años. En una entrevista Ávila Beltrán explicó que "era muy noble, pero muy violento, siempre andaba armado con su pistola y el cuerno de chivo al hombro. Era valiente, sus guardias morirían por él y él moriría por sus guardias. No se me quita de la cabeza que José Luis murió a traición. El cuchillo por la espalda, de lo que el mundo del narco está lleno. Tenía muchas relaciones con comandantes, con militares, con gente de gobierno. En ese ambiente supongo que daba protecciones y hacía arreglos".

Tras la muerte de Fuentes, Sandra empezó a trabajar con los hermanos Coronel Villareal, moviendo grandes cantidades de dinero en maletas entre México y Estados Unidos.

Rodolfo López Amavizca el Zurdo fue su segundo marido. Se casó con él en 1994 pero la relación duró poco. Trabajaba como agente de la Fiscalía y en el Instituto Nacional del Combate a las Drogas. Este servidor público tenía, además, una empresa de camiones en los que trasportaba droga. Como si casarse con la Reina fuera una maldición, Rodolfo murió apuñalado en 2000, mientras estaba ingresando en un hospital de Hermosillo, Sonora, por una infección.

Sandra conoció en 1994 al colombiano Juan Diego Espinoza, apodado el Tigre. Espinoza llegó a México enviado por el cártel del Norte del Valle, una de las organizaciones colombianas más importantes, responsable del 70 % de la cocaína que llegaba a Estados Unidos. Lo había enviado su tío Diego Montoya don Diego, uno de los capos del cártel, para organizar un grupo dedicado a la recepción de la cocaína y el lavado de dinero. Tiempo después Sandra y Juan Diego comenzaron una relación sentimental.

Ávila Beltrán conoció a Diego Montoya a través del Tigre que la llevó a Colombia para presentársela al patrón. Sus encantos, carisma y conexiones sedujeron a don Diego y Sandra se convirtió en el enlace entre el cártel colombiano del Norte del Valle y los cárteles mexicanos de Sinaloa, Pacífico y Ciudad Juárez. La Reina movía dinero entre Colombia y México y aseguraba la logística para la entrega de cocaína de Colombia.

Se dedicó a lavar el dinero de los narcos. Creó dos centros de bronceado en Sonora llamados Electric Beach que le sirvieron como tapadera y para justificar el dinero que obtenía. Tuvo una amplia red de mujeres que realizaban viajes frecuentes a Colombia y otros países sudamericanos cargadas con maletas de dólares: eran los pagos del Tigre a sus proveedores.

Cuentan que una vez que iban a detenerla en su casa, los vigilantes le avisaron y pudo escapar. Dejó dos cajas fuertes llenas de dinero a modo de soborno para la policía y ya no tuvo que preocuparse más. Días después se mudó a otra casa que tenía en la acera de enfrente. Cada mañana, al salir a la calle, saludaba a los policías que vigilaban su antigua casa por si ella aparecía.

Los dominios de Ávila Beltrán comprendían toda la zona marítima desde Colombia hasta Estados Unidos, precisamente por su control de las rutas de tráfico de cocaína la llamaban la Reina del Pacífico. Era la encargada de las relaciones públicas del Chapo Guzmán, los hermanos Beltrán Leyva e Ismael el Mayo Zambada, con quien tuvo un romance a finales de los ochenta, y también se encargaba de organizar la logística para introducir en México la cocaína procedente de Colombia.

El Tigre y la Reina se ocupaban de recolectar el dinero del tráfico de cocaína en Estados Unidos y llevarlo a México y a Colombia donde después de ser lavado se repartía entre los capos de los cárteles mexicanos de Juárez y Sinaloa, y los colombianos del Norte del Valle.

Para lavar el dinero Ávila Beltrán usaba varios sistemas, invertía en terrenos y casas, tenía una red de locales de envío de dinero de México a Estados Unidos, una cadena de tiendas de estética y rayos UVA, y varias joyerías. En estas tiendas además de lavar dinero conseguía mujeres colombianas para que hicieran de mulas, llevando dinero escondido en vuelos de México a Colombia.

El Tigre era a finales de los años noventa el principal proveedor de droga del cártel del Milenio. En aquellos años se alió con los hermanos Valencia Cornelio del Cártel del Milenio, quienes empezaron a usar las rutas de Espinoza para meter la coca en Estados Unidos. Los barcos atuneros introducían hasta 40 toneladas de cocaína cada mes.

En 2001, detuvieron a Gino Brunetti, socio de Espinoza, que explicó a las autoridades todo el entramado montado por los Valencia Cornelio, desconocidos hasta entonces por la policía. Brunetti habló de los Valencia, pero no del Tigre ni de la Reina.

El 18 de diciembre de 2001 el buque de guerra estadounidense Mobile Bay detuvo al barco atunero Macel en aguas internacionales, frente a las costas mexicanas, y localizó más de nueve toneladas de cocaína a bordo.

Los militares americanos mantuvieron a la tripulación a bordo y detenida durante tres días hasta que llegaron las autoridades mexicanas y se hicieron cargo. El gobierno mexicano informó, sin embargo, que la incautación la habían llevado a cabo efectivos de la Secretaría de Marina mexicana el 21 de diciembre.

La carga había salido de Buenaventura, Colombia, y había sido trasportada al Macel en alta mar, cerca de las Islas Galápagos. Cuando los marineros fueron detenidos hicieron varias llamadas a México donde hablaron con un colombiano y una mexicana. Las líneas estaban intervenidas y esas grabaciones fueron las que, años después, llevaron a la DEA a pedir la detención y extradición de Sandra Ávila y Juan Diego Espinoza como presuntos operadores del barco. El cargamento fue valorado en más de 80 millones de dólares, aunque su valor en las calles de Estados Unidos podría haber alcanzado los 300 millones.

La fama de la Reina del Pacífico ha llegado hasta los narcocorridos. Los tucanes de Tijuana relatan en *Fiesta en la Sierra* la celebración del cumpleaños de un "pesado" del negocio en una finca a la que había que llegar por aire.

Sandra Ávila rememoró aquella fiesta en una entrevista donde dijo: "No se podía llegar por tierra, ni camino había. Todos llegamos en helicópteros particulares o avionetas de primera. Los aviones, blancos, alineados, se parecían a los estacionamientos de automóviles".

El 18 de abril de 2002 un comando de hombres armados y encapuchados entró en la urbanización de Guadalajara, Jalisco, donde vivía Ávila Beltrán y se llevaron secuestrado a su único hijo, de dieciséis años, que estaba en el gimnasio. La Reina no sabía cómo actuar y acabó acudiendo a la Procuraduría General de Justicia de Jalisco a poner una denuncia. Este error puso a las autoridades sobre su pista ya que les extrañó que los secuestradores pidieran un rescate tan elevado, nada menos que cinco millones de dólares, a una mujer sin grandes fuentes de ingresos conocidas.

Parece que Sandra no había considerado que la policía controlaría todas las llamadas que se realizaran a su casa con la esperanza de localizar a los secuestradores. Temía recibir alguna llamada de algún capo importante de Sinaloa y que la policía lo descubriera. Intentó apartar a los investigadores y resolver el rescate por su cuenta, pero la Agencia Federal de Investigaciones (AFI) ya estaba tras su pista.

El muchacho fue liberado 17 días después, una vez que su madre pagó el rescate. Aunque Ávila Beltrán dijo haber pagado 1.4 millones de dólares, la policía sospecha que pagó tres millones.

Nacho Coronel y el Mayo Zambada le ayudaron a juntar el monto del rescate.

Para que madre e hijo disfrutaran de seguridad, el Mayo le regaló un BMW blindado a Sandra, que ya disponía de otro vehículo a prueba de balas, una Ford Lobo que pasó a su hijo.

No está claro quién organizó el secuestro, algunas versiones aseguran que la Reina del Pacífico sospechaba que el Tigre había estado involucrado en el secuestro. El narco había perdido mucho dinero con la incautación del Macel ya que una parte de los cerca de diez millones de dólares en cocaína que habían sido decomisados le pertenecía. El secuestro le habría servido para recuperar parte de la pérdida.

Sin embargo, circula otra versión aún más terrible. Al parecer habrían sido agentes de la propia Agencia Federal de Investigaciones quienes secuestraron al hijo de Ávila Beltrán confiando en que pagaría sin acudir a la policía. La sospecha la levantó un comandante de la propia AFI que fue asesinado poco después, antes de poder probar su denuncia. Según cuentan se usó un arma perteneciente a la AFI, cuyo robo había sido denunciado pocos días antes.

Esta última versión se vio reforzada con unas declaraciones que Ávila Beltrán realizó durante una entrevista en las que dijo: "Me di cuenta de que el policía traidor, desde la casa, avisaba a los secuestradores. El comandante antisecuestros de Guadalajara fue quien mandó al policía a espiar a nuestra casa. Los policías protegen a los delincuentes o actúan como ellos".

El secuestro llevó a la policía a investigar de cerca sus negocios y finanzas, y en 2002 la Operación Volcán, llevada a cabo por la Procuraduría General de la República (PGR), llevó a la incautación de más de 230 fincas propiedad de la pareja. Ávila fue acusada de haberlas comprado lavando dinero colombiano del narcotráfico.

Después de la captura del Macel, la policía estrechó el cerco a la Reina y al Tigre. En 2002 detuvieron a la esposa de un medio hermano de Espinoza con cerca de un millón y medio de dólares. En 2005 apareció ejecutado Alfonso Ávila Beltrán, hermano de Sandra. El 10 de septiembre de 2007 don Diego, tío de Espinoza, fue detenido en Colombia.

Ávila Beltrán y Juan Diego Espinoza fueron capturados en la Ciudad de México, por separado, el 28 de septiembre de 2007, y trasladados a la PGR. Sandra les dijo a los policías que la capturaron: "Yo no quería dedicarme a esto, yo no pedí vivir esto, pero lo traigo en la sangre". Luego en la Procuraduría aseguró que no tenía nada que ver con el narcotráfico, que se dedicaba al hogar, al comercio y a alquilar casas. Durante la noche fue trasladada a la prisión de Santa Marta en un fuerte dispositivo policial. Nada menos que ocho coches para escoltar a la camioneta en que viajaba la Reina. La policía temía que la intentaran rescatar.

El Tigre fue extraditado a Estados Unidos en 2009 y condenado por un tribunal de Florida a seis años de prisión por conspiración para distribuir cocaína. Se convirtió en testigo colaborador e identificó a Ávila Beltrán en una conversación intervenida por la DEA que sirvió para pedir la extradición de la Reina del Pacífico.

En enero de 2010 un juez federal mexicano determinó que no procedía la extradición de Sandra Ávila a Estados Unidos, pues consideró que la voz que se escucha en una grabación interceptada durante la investigación de la incautación del Macel no pertenece a ella. Las autoridades de Estados Unidos presentaron otra solicitud que fue denegada de nuevo en septiembre de 2010. Sin embargo, semanas después, la Secretaría de Relaciones Exteriores determinó que sí debía ser extraditada. Sandra Ávila presentó un recurso de amparo y la extradición fue suspendida temporalmente, aunque se reactivó más adelante. Finalmente, en agosto de 2012, la Reina fue extraditada a Estados Unidos para ser juzgada por conspiración para importar cocaína.

Fernando Sánchez Arellano: El Ingeniero

Hijo y sobrino de capos, Fernando Sánchez Arellano el Ingeniero lleva el narcotráfico impreso en sus genes. De pequeña estatura, muy musculoso y con permanente gesto de enfado, el joven Arellano nació en 1977 y es uno de los criminales más buscados de México. El gobierno federal ofrece 30 millones de pesos (2.5 millones de dólares) por cualquier información que lleve a su captura. El Ingeniero dirige el cártel de Tijuana junto con su madre Enedina Arellano Félix la Narcomami desde que su tío Eduardo el Doctor fue detenido en 2008. Aunque su madre conserva la autoridad suprema, Fernando se ocupa con mano de hierro del manejo diario de la organización. Es un capo cruel y despiadado que no duda en ordenar asesinatos y secuestros, pero que viste a la moda como un joven europeo o norteamericano, muy alejado del estereotipo tatuado y vulgar del clásico narco mexicano.

DOS AÑOS ANTES DE SU ASCENSO AL PODER, cuando la policía detuvo a su tío Francisco Javier el Tigrillo y el control del cártel de Tijuana recayó en Eduardo, Fernando se convirtió en uno de los principales y más efectivos lugartenientes del Doctor. Junto con Teodoro García Simental el Teo, otro cabecilla de la organización, ampliaron las actividades del cártel añadiendo el juego ilegal, la venta de coches robados, los secuestros, la prostitución y hasta la venta de discos piratas. Con ellos creció el negocio, aumentaron los beneficios y el control del territorio. Pese al éxito de su colaboración, y como suele pasar en este negocio, la ambición pudo más que la amistad y no tardaron en enfrentarse. El Teo, para conseguir dinero rápido, comenzó a realizar secuestros no autorizados por Sánchez Arellano y desacató indicaciones. Poco a poco, el Teo se fue distanciando del Ingeniero.

La verdad es que el Ingeniero no se debía fiar del todo del Tres Letras, pues corría el rumor de que García Simental había dado el chivatazo que llevó a la detención de su tío Eduardo. En realidad, parece que fue el Tigrillo quien delató a su propio hermano para evitar la pena de muerte y conseguir prisión perpetua.

Sánchez Arellano organizó una reunión para llamar a capítulo a su socio. Dicen que la policía de Tijuana recibió la orden de mantenerse alejada de las calles mientras durara el encuentro. El Ingeniero envió a su lugarteniente, el 7-7, quien le informó que García Simental no se había presentado aunque sí había enviado a muchos de sus sicarios, los Claves R. En el bulevar Insurgentes de Tijuana, en plena calle, se enfrentaron ambos bandos disparando con cuernos de chivo, los letales subfusiles AK-47 capaces de efectuar hasta 600 disparos por minuto. La jornada acabó con 16 pistoleros muertos y más de 1 500 casquillos percutidos. En palabras de un antiguo miembro del cártel: "Cuando falla el habla, habla la bala".

Fernando Sánchez Arellano es un capo muy violento que, aunque mantiene en sus puestos a los distintos jefes que habían colaborado con su tío, no consigue que permanezca unida la organización.

La violencia se desató en Tijuana con una guerra abierta que duraría más de dos años. Finalmente el Teo creó su propia organización y se alió con el cártel de Sinaloa del Chapo Guzmán. El Tres Letras les proporcionaba a los sinaloenses rutas para introducir la cocaína a Estados Unidos y éstos le vendían marihuana y cristal (metanfetamina).

En noviembre de 2008 el Ingeniero ordenó matar a la novia de García Simental, de apenas 25 años. La guerra entre ambas células del cártel se volvió despiadada y los ajustes de cuentas se sucedieron sin tregua. Murieron ejecutadas, en pocos meses, más de 300 personas relacionadas con ambos grupos.

En 2009 la policía federal capturó 150 kilos de metanfetaminas en el aeropuerto de Tijuana. El Teo estaba rabioso, para él no cabía duda que la incautación era un robo ordenado por Sánchez Arellano. Sabía que uno de sus lugartenientes, El M4, tenía contactos entre los federales del aeropuerto. La guerra se recrudeció.

Cuando la policía detuvo al Teo en enero de 2010, se calculó que estaba implicado en más de 600 ejecuciones por: "desintegración, decapitación, incineración y mutilación", dijeron las autoridades. García Simental contaba con la colaboración de Santiago Meza López, el Pozolero, un especialista en disolver los cadáveres en ácido para así borrar pistas. Sólo en 2008 Meza se ocupó de más de 300 cuerpos.

La lucha entre células del cártel complicó mucho el negocio y los capos vieron alarmados cómo descendían los beneficios. En palabras de uno de ellos: "Se nos estaba pudriendo la mota porque no podíamos traerla, todos se estaban agarrando a madrazos y no sabíamos con quién arreglarnos, porque no puedes meterte así nomás, hay que pagar derecho de piso".

Necesitados de efectivo, los narcos recurrieron cada vez con mayor frecuencia a los secuestros. Levantaron comerciantes, empresarios y narcotraficantes a diario, y los mataron si la familia no pagaba y, a veces, también aunque pagaran.

En realidad, la traición del Teo a sus antiguos compinches no fue nada fuera de lo común. El cártel de Tijuana es una agrupación de células criminales independientes que pagan tributo al jefe, colaboran en lo que éste les pide y se benefician de la protección de la organización. Cada una domina un territorio y realiza sus propios negocios. En parte, están coordinadas por los Arellano Félix, pero también actúan por su cuenta. A veces, el jefe de una célula se distancia del capo del cártel y cambia de patrón, aliándose con otro cártel.

Con la caída del Teo, Sánchez Arellano se deshizo de su principal enemigo y pudo empezar a concentrase en el negocio, aunque aún le traería algún dolor de cabeza como cuando, tras secuestrar y golpear a uno de sus sicarios, lo dejó vivo para que le entregara un mensaje al Ingeniero, lo mandaron atado y con una granada al cuello a la que le habían quitado la espoleta. El hombre permaneció completamente inmóvil durante horas hasta que los artificieros de la policía desactivaron el explosivo.

En 2006, al final de la presidencia de Vicente Fox había siete cárteles en México. Su sucesor, Felipe Calderón, declaró oficialmente la guerra contra el narco en cuanto llegó a la presidencia. Hoy en día, aunque el presidente sólo reconoce once, los expertos creen que hay 28 cárteles activos. Esta atomización de los cárteles es responsable en gran parte de la ola de violencia que vive el país desde hace años y que ha producido decenas de miles de muertos. En las últimas décadas los narcos han ido consiguiendo armamento cada vez más potente, subfusiles militares, lanzagranadas, balas explosivas o perforadoras, capaces de atravesar blindajes y chalecos antibalas. Una buena parte de las autoridades y las fuerzas de seguridad locales colaboran con los narcos y los protegen de la justicia. El resto no puede o no se atreve a hacer nada por miedo a las represalias. Los esfuerzos del ejército y la policía federal consiguen detener a algunos capos que son sustituidos por otros en cuestión de días.

En el último sexenio las fuerzas de seguridad de México han interceptado 9 000 toneladas de marihuana, 35 de cocaína, 45 de metanfetaminas, 700 laboratorios de drogas sintéticas y 13 millones de pastillas. También han decomisado 40 000 vehículos, 500 aviones, 200 barcos, 45 000 pistolas, 60 000 armas largas, 8 000 granadas y 11 millones de cartuchos de munición así como más de 200 millones de dólares.

Calderón ha conseguido detener a muchos narcotraficantes así como limpiar, al menos en parte, las fuerzas de seguridad de elementos corruptos, aunque por el camino ha quedado un rastro de muerte. Sin embargo, miles de mexicanos siguen muriendo cada año a manos de los narcotraficantes y las drogas continúan llegando a Estados Unidos y Europa. Se calcula que más de 50 000 personas han muerto en esta contienda, 12 000 de ellas sólo en 2011. La actuación del ejército y la policía tampoco está libre de sospechas. Numerosas organizaciones no gubernamentales han acusado a las fuerzas de seguridad de violaciones de los derechos humanos como secuestros, asesinatos y torturas.

Calderón firmó en 2007 los acuerdos de Mérida con George W. Bush por los que Estados Unidos invertiría 1 500 millones de dólares para ayudar a México en la lucha contra el narcotráfico con aviones, equipos de telecomunicaciones, entrenamiento de policías y otros. Calderón por su parte quiere reforzar el sistema judicial y reorganizar la policía, eliminando los cuerpos locales, que son los más fácilmente corruptibles por los capos, debido principalmente a sus bajos salarios.

Algunas cosas han ido cambiando en México en la última década. La producción de drogas sintéticas ha aumentado mucho, algo que las autoridades atribuyen a su mayor facilidad de producción. Mientras que el ciclo de cultivo de la marihuana es de tres o cuatro meses, sólo se necesitan una o dos semanas para fabricar metanfetaminas que, además, son mucho más fáciles de transportar y no requieren plantaciones al aire libre que puedan ser detectadas.

Hoy en día, los narcos se han ido profesionalizando cada vez más. Cuentan con armamento más potente que la policía y con avanzados equipos de telecomunicaciones muy difíciles de interceptar.

El lavado del dinero es cada vez más meticuloso y se realiza a través de empresas pantalla, testaferros y sistemas cuidadosamente planificados para evitar ser descubiertos. Se calcula que al menos dos tercios de la cocaína que se consume en Estados Unidos entran en el país a través de la frontera con México.

Los cárteles mexicanos han intensificado su colaboración con distintas bandas y pandillas norteamericanas, especialmente las formadas por latinos. Los narcos valoran que sus miembros suelen tener doble nacionalidad o, al menos, permiso de residencia en Estados Unidos, lo que facilita su pase por la frontera. Las más de 30 000 pandillas que hay en los barrios del país, son responsables de cerca de la mitad de los delitos cometidos en Estados Unidos, se ocupan de la distribución minorista de drogas, pases a través de la frontera, cobro de deudas, tráfico de armas y personas y todo tipo de robos. Algunas de las más conocidas son: MS-13 (Mara Salvatrucha), Latin Kings, La Eme, Barrio Azteca, Tango Blast, La Familia Nuestra, Lennox 13, Jovenes Prodigiosos, Hell Angels, Crips o Vatos Locos.

Mientras Arellano peleaba con el Tres Letras, el cártel de Sinaloa le había ido comiendo terreno al de Tijuana hasta convertirse en el más importante del país. Una muestra de la pérdida de peso de los Arellano es que a partir de 2010 el FBI da por desaparecido el Cártel Arellano Félix y empieza a hablar de la Organización de

Fernando Sánchez. Sin embargo, el Ingeniero aún tenía ambición y ganas de recomponer el cártel. Pese a la persecución de la policía, que le asesta duros golpes, a finales de 2011 no menos de once grupos criminales operaban en Tijuana bajo sus órdenes.

Pese a ser uno de los criminales mexicanos más buscados, su persecución tuvo tintes surrealistas. El procurador general de la República admitió en 2011 que la foto del Ingeniero que aparecía en todos los carteles de la policía, en realidad no correspondía a Fernando Sánchez Arellano. Al parecer la foto era de un joven mexicano que se parecía al capo. Los amigos de éste habían subido un video a YouTube resaltando el parecido con el Ingeniero. La policía lo tomó por bueno y se pasó dos años buscando a quien nada tenía que ver con el narcotráfico. No se conocen fotos recientes de Sánchez Arellano y en todos los carteles de "Se Busca", publicados por la DEA, el FBI y el gobierno mexicano, aparece una foto de cuando era mucho más joven y estaba más gordo.

Durante décadas la mayoría de los crímenes del narco se cometían de modo discreto, pero en los últimos tiempos la guerra entre capos ha adquirido una nueva dimensión pública. Los cadáveres de los ejecutados son envueltos en mantas (encobijados) y tirados a mitad de la vía pública, a menudo con terribles signos de tortura, decapitados, mutilados o carbonizados, y acompañados de mensajes amenazadores para el clan rival. Los narcomensajes suelen estar escritos en un papel y colocados en la boca o sobre el cuerpo de los muertos, aunque en ocasiones los sicarios graban videos de la tortura y ejecución y los suben a Internet.

Otro recurso "publicitario" de los narcos son las narcomantas, grandes carteles, a menudo manuscritos, que aparecen colgados en Tijuana, Ciudad Juárez y otras plazas del narco, con mensajes amenazadores contra el gobierno o los grupos rivales:

"Sr. Presidente, si quiere que termine la inseguridad, deje de proteger a los narcotraficantes como el Chapo Guzmán, Ismael el Mayo Zambada, la Familia Michoacana y los mandatarios partidistas que al igual que usted son narcos como los anteriores, ya que llevan 40 años de narcomandatarios".

En 2010 hombres del Ingeniero secuestraron a tres mujeres, parientes del Mayo Zambada, uno de los líderes del cártel de Sinaloa. La policía las liberó, pero días después apareció la siguiente narcomanta en Culiacán, sede de los sinaloenses:

"Chapo y Mayo, para que vean que no somos tan corrientes como tu propia sobrina te lo dijo, las dejamos vivas porque no quisimos matarlas en la fiesta, no tengan miedo y manden a pelear a su gente para ver cómo nos toca, si mandan gobierno también les hacemos frente, ya estamos en Culiacán para matar a su familia y no van a ser levantones, aquí estaremos peleando hasta que me entreguen a la persona inocente que tú ya sabes, atentamente: Ramón Arellano, desde el infierno".

Para ciertos sectores de la sociedad mexicana los narcos simbolizan el éxito y sus hazañas se cantan en narcocorridos. Aunque en 2011 el secretario de Seguridad Pública de Tijuana decidió prohibirlos en la ciudad, eso no ha impedido que se sigan componiendo.

Mohamed Taieb Ahmed: El Nene

Mohamed Taieb, el Nene nació en el barrio de Regulares de Ceuta en 1975. No era buen estudiante, enseguida dejó la escuela y se buscó la vida en la calle. Con catorce años lo detuvieron por primera vez con unos cuantos kilos de hachís y desde entonces ya no ha parado. Se ganó el apodo del Nene o el Billy cuando con quince años ya traficaba con cantidades importantes de hachís.

El Nene es ante todo un consumado piloto de lanchas y esta habilidad es la que le hizo ascender en el mundo del narco. Impulsado por cientos de caballos de potencia, Mohamed Taieb atravesaba el estrecho de Gibraltar en lanchas planeadoras cargadas de fardos de hachís, a velocidades imposibles y bajo la presión de las lanchas de la Guardia Civil y la Agencia de Protección Aduanera. Era un piloto temerario que se atrevía a hacer lo que nadie hacía y le salía bien. Lo hacía hasta tres veces por noche y no lo agarraban. Comenzó trabajando para uno de los jefes marroquíes del narcotráfico, pero pronto se independizó.

La policía nacional lo ha apresado diecisiete veces y la guardia civil unas quince. En Marruecos suma más de veinte detenciones. Ha sido acusado de tráfico de drogas, homicidio, lesiones, resistencia a la autoridad y otros delitos. En una ocasión les dijo a los policías que lo detuvieron: "Cuando pagas a un policía en España, ya no vuelven a molestarte. En cambio en Marruecos pagas a uno y al día siguiente tienes a dos más llamando a tu puerta".

Al Nene le gustaba el espectáculo. Grababa videos de sus correrías a bordo de grandes lanchas cargadas con hachís atravesando el estrecho de Gibraltar y después los subía a Internet. En los videos, a cara descubierta, se reía de las fuerzas de seguridad que intentaban detenerlo o se bajaba los pantalones y le enseñaba el culo a los helicópteros del la Guardia Civil y las lanchas de Vigilancia Aduanera.

A mediados de los noventa, con apenas veinte años, se convirtió en uno de los grandes capos de Ceuta y uno de los mayores narcotraficantes del Magreb; en las calles lo apodaban el Rey de Ketama, la zona de producción del hachís marroquí. Con pinta de muchacho, con la cabeza rapada y rodeado de guardaespaldas se paseaba por Ceuta y Marbella conduciendo lujosos coches a toda velocidad. El Nene era excesivo y lo quería todo. Si algo lo definió fue la altanería, en una ocasión en que una patrullera se averió en alta mar, se presentó con una de sus planeadoras y remolcó a los guardias civiles hasta el puerto de Ceuta.

Sin duda, la perdición de Taieb ha sido su carácter: le ha gustado dar la nota y mostrar su poderío. Siempre disfrutó llamando la atención y eso no agradaba al resto de los grandes mafiosos, que sólo querían hacer negocios y que los dejaran en paz, pero Taieb se reía de la policía, la provocaba, atraía su atención sin necesidad.

Se dice que no tiene demasiados escrúpulos y que ha violado muchas de las reglas no escritas del negocio. Taieb era capaz de simular que habían perdido la mercancía para quedarse con todo el beneficio o delatar a otros narcos para eliminar la competencia.

El dinero le llegaba por sacos y gastaba al mismo ritmo, compraba fincas y negocios, regalaba motos y coches a sus amigos. Cuentan que en una ocasión regaló varias docenas del nuevo escarabajo de Volkswagen y que tras una de sus múltiples detenciones se juntaron todos a dar vueltas alrededor de la comisaria. Pensaba que nadie le podía hacer nada.

Para lavar creó una red de negocios a nombre de familiares y testaferros: tiendas de ropa, concesionarios de coches, locutorios. El Nene tenía fama de ocuparse de su gente, de pagarles muy bien y, si eran encarcelados, mantenía a sus familias hasta que salían de prisión.

Inventó nuevas técnicas de contrabando como las lanchas cebo que salían al mismo tiempo que la lancha cargada con hachís, pero vacías. Su misión era despistar a la policía y, aunque las requisaran, al no llevar hachís, con sólo pagar la multa Taieb las recuperaba.

Arrogante, brabucón y osado, una vez tiroteó un coche porque sus ocupantes lo vieron feo. El Nene se movía por Ceuta libremente y hacía lo que quería. Atropelló a varios agentes y una vez, en un control policial, le puso a uno un cuchillo en el cuello. En aquellos años Ceuta se había vuelto una ciudad violenta y los tiroteos no eran infrecuentes, se trataba de un ambiente donde el Nene se sentía cómodo. Pero al final, como suele suceder con los narcos demasiado llamativos, acabó siendo detenido.

En 1999 ingresó a prisión condenado a tres años por agredir a un guardia civil. Tras esa pena lo esperaba otra de cuatro años por tirotear a un joven de Ceuta y tenía pendientes otros juicios por narcotráfico. Pasó por las cárceles de Ceuta y Badajoz hasta que en 2001 consiguió que lo trasladaran a la cárcel Victoria Kent, un centro donde los reclusos sólo acuden a dormir, pues convenció al juez de que iba a trabajar como jefe de ventas en una empresa de coches de su hermano. Poco después, se enteró de que una juez pensaba revocarle sus privilegios y ya no volvió de un permiso. Huyó de España y se refugió en Marruecos donde consiguió una nueva identidad. El gobierno español pidió su extradición a Marruecos, pero la denegaron diciendo que el preso era marroquí y no se llamaba Mohamed Taieb sino Mohamed el Ouazzani. Al parecer éste fue el nombre que dio cuando sacó el pasaporte marroquí en 2003.

Desde Marruecos continuó manejando su organización y enviando toneladas de hachís a Europa, pero siguió siendo un pendenciero. Su pedantería siempre lo llevó a meterse en problemas y participó en varios incidentes y tiroteos en Marruecos. Participó en un ajuste de cuentas entre narcos y acabó detenido de nuevo en 2003 y condenado a ocho años por tráfico de drogas.

Ingresó a la prisión de Oued Laou para cumplir una pena de ocho años por tráfico internacional de estupefacientes. Se convirtió en el amo de la prisión y vivió a sus anchas hasta que en 2005 se produjo un motín de presos para protestar por los privilegios que tenía. Un grupo de presos publicó una carta en la que denunció que el Nene mandaba en la cárcel, compraba a los funcionarios con regalos y salía y entraba de la prisión a su antojo. La justicia marroquí se presentó en la cárcel y no lo encontró. El Nene había salido ese día a pasear por el puerto deportivo de Marina Smir, una zona de lujo situada entre Ceuta y Tetuán. Tras el motín fue trasladado a la Centrale, la prisión de máxima seguridad de Kenitra, en septiembre de 2005.

Gracias a sus contactos y su dinero hizo lo mismo que en Oued Laou. Como cualquier narco que se precie, sobornó a los funcionarios y consiguió, de nuevo, todas las comodidades. Tres celdas con aire acondicionado, nevera y baño para uso personal, fiestas privadas servidas por los mejores restaurantes de la prisión, televisión de plasma con parabólica, computadora con acceso a Internet y el mejor trato que el dinero pueda pagar.

Le gustaba apostar y organizaba carreras en la cárcel. Uno de los presos comentó a una revista marroquí: "Uno de sus juegos preferidos era organizar carreras de presos. Teníamos que correr a cuatro patas, como si fuéramos perros, y el ganador se llevaba un montón de billetes de 200 dírhams". Cuando quería se iba de fiesta por las discotecas de Kenitra y se llevaba con él a otros presos y a algunos funcionarios de prisiones. Pedía que le buscaran chicas casadas porque "dan menos problemas".

A finales de 2007 decidió huir de la Centrale y sobornó a algunos funcionarios para que se hicieran de la vista gorda. Aprovechó un permiso carcelario y ya no volvió. Ningún funcionario alertó de su desaparición y las autoridades no se enteraron de su fuga hasta diez días después, cuando un denunciante anónimo les avisó. Se dictó una orden de búsqueda y captura por parte la Interpol y en abril de 2008 fue detenido en Ceuta por agentes de la Jefatura Superior de Policía de Ceuta y del Grupo de Localización de Fugitivos de la Policía Judicial.

El caso es que el Nene se había enterado de que las causas abiertas contra él en España habían prescrito y por tanto no tenía cuentas pendientes con la justicia. Así que si llegaba a España estaría a salvo. Tras su fuga se presentó en una comisaría de Ceuta a renovar el DNI y aunque la policía lo reconoció, no pudo detenerlo. Los funcionarios de policía marroquíes que ayudaron a escapar a Mohamed Taieb fueron detenidos y condenados a penas de entre dos meses y dos años de prisión por soborno y falsificación de documentos.

Cuentan que tras su fuga de Marruecos llegó a Ceuta y para celebrar su libertad organizó una gran fiesta. Desde una colina, junto a la frontera marroquí, gritaba: "Ya estoy aquí, cabrones", mientras hacía cortes de manga a los policías marroquíes.

Apenas superados los treinta, el Nene afirmaba con altanería que tenía más millones que años. El contrabando de hachís le reportó más de 30 millones de euros de beneficios y la policía cree que introdujo en España al menos 50 000 kilos anuales. En 2008 la policía calculaba que el 10 % del hachís que se consumía en España y el sur de Europa pasaba por las manos de Taieb.

Marruecos denunció su fuga a la Interpol que activó un código rojo de búsqueda y captura. Lo detuvieron paseando tranquilamente por Ceuta, a bordo de una enorme todoterreno Hummer negra. Marruecos solicitó enseguida la extradición.

Mohamed Taieb tenía doble nacionalidad: hispano-marroquí, y eso dificultó su extradición. Para solucionar el problema, el ministerio fiscal español inició un expediente por el que el Nene perdió su nacionalidad española, se determinó que era marroquí y fue entregado a Marruecos en julio de 2009. La familia de Mohamed Taieb y sus abogados han acudido al Tribunal de Estrasburgo para intentar que se anule la extradición.

Cuando llegó a Marruecos le dio a la policía un listado de nombres de jueces de alto rango que tenía a sueldo. Curiosamente, nada les sucedió y la justicia trato de tapar el asunto. Ninguno de los jueces fue interrogado por la policía.

En agosto de 2009 la justicia marroquí lo condenó a cinco años por corrupción y por fugarse de la cárcel. El Nene pidió que el tribunal tuviera en cuenta que se fugó para visitar a su madre moribunda. Antes de cumplir esos cinco años debe terminar la pena que quedó interrumpida por su fuga de la Centrale de Kenitra: cinco años más. Cuando salga de prisión en 2019 el Nene tendrá 44 años.

Los patrones del mundo, de José T. Gállego
se terminó de imprimir y encuadernar en enero de 2013
en Quad/Graphics Querétaro, S. A. de C. V.
lote 37, fraccionamiento Agro-Industrial
La Cruz Villa del Marqués QT-76240